LAW
COMMON
SENSE

实用版

法律行为百科全书

宅基地与房屋法律常识

平嘉昕◎编著

实用的宅基地与房屋纠纷案例参考

宅基地与房屋法律常识为您提供典型的案例典范，让您不再无照可参。

中国农业出版社

农村居民、城镇人员、村干部、亲人朋友、父母子女都应知道的法律常识。
阅读别人的故事，解开自己的心结；掌握最新的法律武器，保护自己的合法权益。

图书在版编目（CIP）数据

宅基地与房屋法律常识 / 平嘉昕编著. —北京：中国农业出版社，2014. 12（2024.9 重印）
ISBN 978-7-109-19588-2

Ⅰ. ①宅…　Ⅱ. ①平…　Ⅲ. ①农村住宅-法规-基本知识-中国②房地产-法规-基本知识-中国　Ⅳ. ①D922. 321②D922. 181

中国版本图书馆 CIP 数据核字（2014）第 217036 号

中国农业出版社出版
（北京市朝阳区麦子店街 18 号楼）
（邮政编码 100125）
责任编辑　林珠英　黄向阳

北京万友印刷有限公司印刷　　新华书店北京发行所发行
2016 年 8 月第 1 版　　2024 年 9 月北京第 2 次印刷

开本：910mm×1280mm 1/32　　印张：7
字数：200 千字
定价：49.80 元

Preface

前　言

我国是农业大国，农村、农业和农民的问题始终是我国的根本问题，而农村土地则是“三农”的基础，是农民安身立命之本，也是农村社会稳定的基石。随着我国城镇化和新农村建设的深入发展，同时城市实施新房政，使得城市闲散资本大量流入农村，这也就使得土地供需矛盾日益突出，土地经济价值不断增长。另外，随着农民生活水平的不断提高，农民建房用地的需求也随之不断增加，土地的效益越来越明显。有利益就会有纠纷，涉及农村宅基地方面的纠纷案件也越来越多。如今，此类纠纷的解决已经成了社会关注的热点、焦点以及难点问题。

宅基地使用权是我国特有的一种用益物权形式，它是农民享有的一项最基本的财产权利，关系着农村的发展以及涉及我国广大农民的切身利益，影响着社会的稳定与和谐，关乎社会主义新农村建设与全面建设小康社会的发展战略。所以，让广大农民了解我国农村宅基地方面的法律、法规、规章及相关政策，为他们提供法律知识指引，对及时、依法、妥当地解决宅基地纠纷，保障农民的合法权益，促进农村社会和谐与稳定发展具有非常重要的意义。而宅基地纠纷的发生也与房屋密切相关，因为，农民居住生活所在的房屋是建在宅基地上的。所以，本书大体涵盖了宅基地与房屋两方面的内容。

本书主要以案例为主，包括宅基地的申请、审批、使用、流转、收回、灭失和房屋的赠与、继承、抵押、买卖以及房屋的拆迁补偿等方面的问题。“经典案例”中，所选案例全面涉及了农村宅基地方面的法律法规和政策，力图为广大农民读者提供较为全面的宅基地纠纷解决范本；“律师在线”中，以通俗易懂的语言详细分析了相关法律、法规、政策的适用，帮助农民朋友准确理解宅基地相关法律制度。

由于编者水平有限，书中难免会出现疏漏以及错误之处，敬请广大读者批评指正，以便进一步修改完善。

Contents 目录

第一章 宅基地和房屋的基础性知识

宅基地的概述

1. 概念

宅基地，是指农村的农户或个人用作住宅基地而占有、利用本集体所有的土地。宅基地包括建了房屋的土地、建过房屋但已无上盖物，不能居住的土地以及准备建房用的规划地三种类型。一般来讲，住宅与土地是不可分割的，作为公民的私财，可以继承、转让和买卖。宅基地并不只是一个单纯的财产问题，本质上是我国社会变迁的反映，根据我国法律规定，宅基地属于国家和集体所有，公民个人没有所有权，只有使用权，所以不得转让、出租或抵押。

农村宅基地是仅限本集体经济组织内部符合规定的成员，按照法律法规规定标准享受使用，用于建造自己居住房屋的农村土地。只能卖给本村没有宅基地并符合宅基地申请条件的村民，不能卖给本集体经济组织以外的成员。公民基于法定程序取得的宅基地受法律保护，任何单位和个人不得侵害公民的宅基地使用权。

2. 法律依据

法律依据是土地管理法、国土资源部的行政法规以及各省的宅基地管理办法，在实践中，主要是依据各省的宅基地管理条例来进行申请的。根据国土资源部《关于加强农村宅基地管理的意见》，坚决贯彻“一户一宅”的法律规定，农村村民一户只能拥有一处宅基地，面积不得超过省（自治区、直辖市）规定的标准。这个标准要根据各省各自的规定来办理。

3. 使用程序

农村村民建住宅需要使用宅基地的，应向本集体经济组织提出申请，并在本集体经济组织或村民小组张榜公布。公布期满无异议的，报经乡（镇）审核后，报县（市）审批。经依法批准的宅基地，农村集体经济组织或村民小组应及时将审批结果张榜公布。

宅基地的申请条件

农村村民符合下列条件之一的，便可以申请使用宅基地：

（1）因子女结婚等原因确需分户，缺少宅基地的。

（2）外来人口落户，成为本集体经济组织成员，没有宅基地的。

（3）因发生或者防御自然灾害、实施村庄和集镇规划以及进行乡（镇）村公共设施和公益事业建设，需要搬迁的。

农村村民有下列情形之一的，不予批准使用宅基地：

（1）年龄未满 18 周岁的。

（2）原有宅基地的面积已经达到规定标准或者能够解决分户需要的。

（3）出卖或者出租村内住房的。

由于各省的规定有所不同，具体还要到当地的土地部门进行咨询后才能确定。

宅基地的处理原则

实践中，因宅基地使用权而发生的纠纷，在民事纠纷中比较常见。当发生宅基地使用权纠纷时，应按照以下原则进行妥善处理：

1. 依法保护国家、集体的宅基地所有权

宅基地属于国家和集体所有。根据《中华人民共和国土地管理法》的规定，土地改革前的旧契约不能作为土地权属的依据。处理宅基地（土地）纠纷，应切实保护国家和集体的土地所有权。属于国家或集体所有的宅基地，集体组织或个人不得侵占、买卖或者以其他形式非法转让。

2. 依法保护公民、法人合法取得的宅基地使用权

根据《中华人民共和国土地管理法》的规定，使用国有土地的单位或者个人，由县级以上人民政府登记造册，核发证书，确认使用权。土地使用权受法律保护，任何单位或者个人不得侵犯。农村居民建住房，应当使用原有的宅基地和村内空闲地。使用耕地的，由乡级人民政府审核后，报县级人民政府批准。未经批准的，不予保护。法人、公民合法继承的宅基地使用权除经统一规划或个别调整外，长期不变。另外，宅基地使用权包括合法取得和合法使用两个方面。对非法扩大、抢占宅基地甚至耕地的行为应依法宣布其无效，并给予法律制裁。在使用宅基地的过程中，妨碍公共利益，侵害他人房屋、通

行、排水、通风和采光等相邻权的，应依法承担民事责任。

3. 宅基地使用权随房屋转移的原则

农村房屋发生买卖、继承、赠与等法律事由的，其所占宅基地的使用权随房屋所有权而转移。1984 年最高人民法院《关于贯彻执行民事政策法律若干问题的意见》中规定："公民在城镇依法买卖房屋时，该房屋宅基地的使用权应随房屋所有权一起转归新房主使用。"关于办理农村房屋宅基地使用权转移手续问题，实践中应注意掌握一个时间界限，即在 1982 年《村镇建房用地管理条例》发布之前，农村房屋买卖中宅基地使用权均随房转移，无须办理批准手续；但自该《条例》发布之后，宅基地使用权须经过申请批准后方可随房转移。未经审查批准，宅基地使用权不能随房转移给买方，房屋买卖也是无效的，但买主可将房屋拆走。村民迁居或者拆除房屋后腾出的宅基地，由集体收回使用，另作统一安排。但在农村合法继承的房屋，其宅基地使用权可以随房屋所有权而转移。

4. 尊重历史、面对现实，有利于生产、生活的原则

我国对土地、山林大体上进行了四次确权，即土改、合作化、1962 年"四固定"、1982 年《宪法》颁布前后土地权属的重新登记。在处理土地、山林纠纷时，一般应以"四固定"确定的权属为准，任何以其他理由而否认"四固定"时的确权均不予以支持；如果"四固定"时未确权的，发生纠纷应参照合作化或者是土改时确定的产权处理。新中国成立后，已通过双方协商并达成合法协议或经上级处理决定或经人民法院裁决了宅基地的权属，具有法律效力。经过统一规定的宅基地，如果对宅基地的使用权发生纠纷，一般应以规划确定的使用权为准。未经规划的宅基地，对地界有争议的，可以参照土改时的确权情况处理。土改确权是对房屋宅基地的确权，但自 1962 年《农村人民公社工作条例修正草案》公布后，土改时确认的农村个人宅基地所有权即丧失法律效力，但宅基地的使用权仍归原所有

人。依照最高人民法院解释的规定，如果原来四至明确的，应以四至为准；四至不明确的，应参照长期以来的实际使用情况，本着有利于生产、方便生活的原则合理解决。

5. 促进经济发展，维护社会稳定的原则

土地的使用和经营管理情况，直接影响到生产和经济发展。及时、正确地处理好宅基地纠纷，能够促进经济的发展。发生宅基地纠纷时，首先应做好思想工作，并采取及时、慎重的措施，防止矛盾激化，依法合理地予以妥善解决，维护社会的安定团结。

房屋的概念

多是按永久存在设计而建成的建筑物，占用土地空间，通常有屋顶，多半完全用墙包围住，作为住宅、仓库、工厂、牲畜圈棚或其他有用的建筑物。

一般指上有屋顶，周围有墙，能防风避雨，御寒保温，供人们在其中工作、生活、学习、娱乐和储藏物资，并具有固定基础，层高一般在 2. 2 米以上的永久性场所。但根据某些地方的房屋生活习惯，可供人们常年居住的窑洞、竹楼等也应包括在内。

房屋的分类

（一）按用途分

房屋用途应按设计所规定的用途进行划分。如果与住宅、商业经营用房有关的兼有两种以上用途的房屋，应按设计规定的用途分别计算建筑面积。如一栋住宅楼的地下室不住人，一层为商店，其余为家属住宅，则应将地下室面积计入其他用途，商店面积计入商业营业用房，其余面积计入住宅，如一座厂房带有生活间、办公室，可都计入厂房面积。

1. 住宅

（1）住宅　专供居住的房屋，包括别墅、公寓、职工家属宿舍和集体宿舍（包括职工单身宿舍和学生宿舍）等。但不包括住宅楼中作为人防用、不住人的地下室等，也不包括托儿所、病房、疗养院、旅馆等具有专门用途的房屋。

成套住宅，是指由若干卧室、起居室、厨房、卫生间、室内走道或客厅等组成的供一户使用的房屋。

住宅按套统计。两户合用一套的住宅，按一套统计；一户用两套或两套以上的应按实际套数统计。

（2）非成套住宅　供人们生活居住的但不成套的房屋。

（3）集体宿舍　机关、学校、企事业单位的单身职工、学生居住的房屋。

2. 工业、交通、仓储用房

（1）工业用房　独立设置的各类工厂、车间、手工作坊和发电厂等从事生产活动的房屋。

（2）公用设施用房　自来水、泵站、污水处理、变电、燃气、供热、垃圾处理、环卫、公厕、殡葬和消防等市政公用设施的房屋。

（3）铁路用房　铁路系统从事铁路运输的房屋。

（4）民航用房　民航系统从事民航运输的房屋。

（5）航运用房　航运系统从事水路运输的房屋。

（6）公交运输用房　公路运输、公共交通系统从事客、货运输、装卸和搬运的房屋。

（7）仓储用房　用于储备、中转、外贸、供应等各种仓库、油库用房。

3. 商业、金融和信息用房

（1）商业服务用房　各类商店、门市部、饮食店、粮油店、菜场、理发店、照相馆、浴室、旅社、招待所等从事商业和为居民生活服务所用的房屋。

（2）经营用房　各种开发、装饰和中介公司等从事各类经营业务活动所用的房屋。

（3）旅游用房　宾馆、饭店、乐园、俱乐部和旅行社等主要从事旅游服务所用的房屋。

（4）金融保险用房　银行、储蓄所、信用社、信托公司、证券公司和保险公司等从事金融服务所用的房屋。

（5）电讯信息用房　各种邮电、电讯部门、信息产业部门，从事电讯与信息工作所用的房屋。

4. 教育、医疗卫生和科研用房

（1）教育用房　大专院校、中等专业学校、中学、小学、幼儿园、托儿所、职业学校、业余学校、干校、党校、进修院校、工读学校和电视大学等从事教育所用的房屋。

（2）医疗卫生用房　各类医院、门诊部、卫生所（站）、检

（防）疫站、保健院（站）、疗养院、医学化验、药品检验等医疗卫生机构从事医疗、保健、防疫、检验所用的房屋。

（3）科研用房　各类从事自然科学、社会科学等研究设计、开发所用的房屋。

5. 文化、新闻、娱乐、园林绿化、体育用房

（1）文化用房　文化馆、图书馆、展览馆、博物馆和纪念馆等从事文化活动所用的房屋。

（2）新闻用房　广播电视台、电台、出版社、报社、杂志社、通讯社和记者站等从事新闻出版所用的房屋。

（3）娱乐用房　影剧院、游乐场、俱乐部和剧团等从事文娱演出所用的房屋。

（4）园林绿化用房　公园、动物园、植物园、陵园、苗圃、花圃、花园、风景名胜和防护林等所用的房屋。

（5）体育用房　体育场、馆、游泳池、射击场和跳伞塔等从事体育所用的房屋。

6. 机关事业办公用房

机关事业办公用房，是指党、政机关、群众团体、行政事业单位等行政和事业单位等所用的房屋。

7. 军事用房

军事用房，是指中国人民解放军军事机关、营房、阵地、基地、机场、码头、工厂和学校等所用的房屋。

8. 其他用房

（1）涉外用房　外国使馆、领馆和驻华办事处等涉外所用的房屋。

（2）宗教用房　寺庙、教堂等从事宗教活动所用的房屋。

（3）监狱用房　监狱、看守所和劳改场（所）等所用的房屋。

（二）按产别分

（1）国有房产　归国家所有的房产。包括由政府接管、国家经租、收购、新建以及由国有单位用自筹资金建设或购买的房产。国有房产分为直管产、自管产和军产三种。

①直管产　由政府接管、国家经租、收购、新建和扩建的房产（房屋所有权已正式划拨给单位的除外），大多数由政府房地产管理部门直接管理、出租和维修，少部分免租拨借给单位使用。

②自管产　国家划拨给全民所有制单位所有以及全民所有制单位自筹资金购建的房产。

③军产　中国人民解放军部队所有的房产。包括由国家划拨的房产、利用军费开支或军队自筹资金购建的房产。

（2）集体所有房产　城市集体所有制单位所有的房产。即集体所有制单位投资建造、购买的房产。

（3）私有（自有）房产　私人所有的房产，包括中国公民、港澳台同胞、海外侨胞、在华外国侨民、外国人所投资建造、购买的房产，以及中国公民投资的私营企业（私营独资企业、私营合伙企业和私营有限责任公司）所投资建造、购买的房屋。其中，部分产权：指按照房改政策，职工个人以标准价购买的住房，拥有部分产权。

（4）联营企业房产　不同的所有制性质的单位之间共同组成新的法人型经济实体所投资建造、购买的房产。

（5）股份制企业房产　股份制企业所投资建造或购买的房产。

（6）港、澳、台投资房产　港、澳、台地区投资者以合资、合作或独资在祖国大陆举办的企业所投资建造或购买的房产。

（7）涉外房产　中外合资经营企业、中外合作经营企业和外资企业、外国政府、社会团体、国际性机构所投资建造或购买的房产。

（8）其他房产　凡不属于以上各类别的房屋，都归在这一类。包括因所有权人不明，由政府房地产管理部门、全民所有制单位、军队代为管理的房屋以及宗教、寺庙等房屋。

（三）按结构分

（1）钢结构　承重的主要构件是用钢材料建造的，包括悬索结构。

（2）钢、钢筋混凝土结构　承重的主要构件是用钢、钢筋混凝土建造的。

（3）钢筋混凝土结构　承重的主要构件是用钢筋混凝土建造的。包括薄壳结构、大模板现浇结构及使用滑模、升板等建造的钢筋混凝土结构的建筑物。

（4）混合结构　承重的主要构件是用钢筋混凝土和砖木建造的。如一幢房屋的梁是用钢筋混凝土制成，以砖墙为承重墙，或者梁是用木材建造，柱是用钢筋混凝土建造。

（5）砖木结构　承重的主要构件是用砖、木材建造的。如一幢房屋是木制房架、砖墙、木柱建造的。

（6）其他结构　凡不属于上述结构的房屋都归此类。如竹结构、砖拱结构、窑洞等。

（四）按房屋建筑楼层分

（1）房屋层数　房屋的自然层数，一般按室内地坪±0 以上计算；采光窗在室外地坪以上的半地下室，其室内层高在 2. 20 米以上（不含 2. 20 米）的，计算自然层数。房屋总层数，为房屋地上层数与地下层数之和。假层、附层（夹层）、插层、阁楼（暗楼）、装饰性塔楼以及突出屋面的楼梯间、水箱间不计层数。

（2）地下室　房屋全部或部分在室外地坪以下的部分（包括层高在 2. 2 米以下的半地下室）。

（3）假层　建房时建造的，一般比较低矮的楼层。其前后沿的高度大于 1. 7 米，面积不足底层的 1/2 的部分。附层（夹层）是房屋内部空间的局部层次。

（4）阁楼（暗楼） 一般是房屋建成后，因各种需要，利用房间内部空间上部搭建的楼层。

（5）低层住宅 1~3层的住宅。

（6）多层住宅 4~6层的住宅。

（7）中高层住宅 7~9层的住宅。

（8）高层住宅 10层及10层以上的住宅。

（9）超高层住宅 高度超过100米的住宅。

（五）按房屋建筑质量分

（1）完好房屋 主体结构完好，不倒、不塌、不漏。庭院不积水、门窗设备完整，上下水道通畅，室内地面平整，能保证居住安全和正常使用的房屋，或者虽有一些漏雨和轻微破损，或缺乏油漆保养，经过小修能及时修复。

（2）基本完好房屋 主体结构完好，少数部件虽有损坏，但不严重，经过维修就能修复的房屋。

（3）一般损坏房屋 主体结构基本完好，屋面不平整、经常漏雨，门窗有的腐朽变形，下水道经常阻塞，内粉刷部分脱落，地板松动，墙体轻度倾斜、开裂，需要进行正常修理的房屋。

（4）严重损坏房屋 年久失修，破损严重，但无倒塌危险，需进行大修或有计划翻修、改建的房屋。

（5）危险房屋 结构已严重损坏或承重构件已属危险构件，随时有可能丧失结构稳定和承载能力，不能保证居住和使用安全的房屋。

房屋的面积

（一）建筑面积

（1）房屋建筑面积　含自有（私有）房屋在内的各类房屋建筑面积之和。指房屋外墙（柱）勒脚以上各层的外围水平投影面积，包括阳台、挑廊、地下室和室外楼梯等，且具备有上盖，结构牢固，层高2.20米以上（含2.20米）的永久性建筑。

（2）住宅建筑面积　供人居住使用的房屋建筑面积，包括企事业、机关、团体等的集体宿舍和家属宿舍。

（3）成套住宅建筑面积　成套住宅的建筑面积总和。

（4）危险房屋建筑面积　结构已严重损坏或承重构件已属危险构件，随时有可能丧失结构稳定和承载能力，不能保证居住和使用安全的房屋建筑面积。

（5）房屋减少建筑面积　报告期由于拆除、倒塌和因各种灾害等原因实际减少的房屋建筑面积（包括私有房屋）。

（二）计算规则

1. 计算全部建筑面积的范围

（1）永久性结构的单层房屋，按一层计算建筑面积；多层房屋，按各层建筑面积的总和计算。

（2）房屋内的夹层、插层、技术层及其梯间、电梯间等其高度在2.20米以上部位计算建筑面积。

（3）穿过房屋的通道，房屋内的门厅、大厅，均按一层计算面积。门厅、大厅内的回廊部分，层高在2.20米以上的，按其水平投影面积计算。

(4) 楼梯间、电梯（观光梯）井、提物井、垃圾道和管道井等均按房屋自然层计算面积。

(5) 房屋天面上，属永久性建筑，层高 2.20 米以上的楼梯间、水箱间、电梯机房及斜面结构屋顶高度在 2.20 米以上的部位，按其外围水平投影面积计算。

(6) 挑楼、全封闭的阳台按其外围水平投影面积计算。

(7) 属永久性结构有上盖的室外楼梯，按各层水平投影面积计算。

(8) 与房屋相连的有柱走廊，两房屋间有上盖和柱的走廊，均按其柱的外围水平投影面积计算。

(9) 房屋间永久性的封闭的架空通廊，按外围水平投影面积计算。

(10) 地下室、半地下室及其相应出入口，层高在 2.20 米以上的，按其外墙（不包括采光井、防潮层及保护墙）外围水平投影面积计算。

(11) 有柱或有围护结构的门廊、门斗，按其柱或围护结构的外围水平投影面积计算。

(12) 玻璃幕墙等作为房屋外墙的，按其外围水平投影面积计算。

(13) 属永久性建筑有柱的车棚、货棚等按柱的外围水平投影面积计算。

(14) 依坡地建筑的房屋，利用吊脚做架空层，有围护结构的，按其高度在 2.20 米以上部位的外围水平面积计算。

(15) 有伸缩缝的房屋，若其与室内相通的，伸缩缝计算建筑面积。

2. 计算一半建筑面积的范围

（1）与房屋相连有上盖无柱的走廊、檐廊，按其围护结构外围水平投影面积的一半计算。

（2）独立柱、单排柱的门廊、车棚、货棚等属永久性建筑的，按其上盖水平投影面积的一半计算。

（3）未封闭的阳台、挑廊，按其围护结构外围水平投影面积的一半计算。

（4）无顶盖的室外楼梯按各层水平投影面积的一半计算。

（5）有顶盖不封闭的永久性的架空通廊，按外围水平投影面积的一半计算。

3. 不计算建筑面积的范围

（1）层高小于 2. 20 米以下的夹层、插层、技术层和层高小于 2. 20 米的地下和半地下室。

（2）突出房屋墙面的构件、配件、装饰柱、装饰性的玻璃幕墙、垛、勒脚、台阶、无柱雨蓬等。

（3）房屋之间无上盖的架空通廊。

（4）房屋的天面、挑台、天面上的花园、泳池。

（5）建筑物内的操作平台、上料平台及利用建筑物的空间安置箱、罐的平台。

（6）骑楼、过街楼的底层用作道路街巷通行的部分。

（7）利用引桥、高架路、高架桥、路面作为顶盖建造的房屋。

（8）活动房屋、临时房屋、简易房屋。

（9）独立烟囱、亭、塔、罐、池、地下人防干、支线。

（10）与房屋室内不相通的房屋间伸缩缝。

（三）使用大小

（1）房屋使用面积　房屋户内全部可供使用的空间面积，按房屋的内墙面水平投影计算。

(2) 住宅使用面积　住宅中以户（套）为单位的分户（套）门内全部可供使用的空间面积。包括日常生活起居使用的卧室、起居室和客厅（堂屋）、亭子间、厨房、卫生间、室内走道、楼梯、壁橱、阳台、地下室、假层、附层（夹层）、阁楼、（暗楼）等面积。住宅使用面积按住宅的内墙线计算。

你问我答

问：什么是农村宅基地？

答：宅基地是指农民依法取得的用于建造住宅及其生活附属设施的集体建设用地，也就是说，农村宅基地是指农村建了房屋、建过房屋或决定用于建造房屋的土地，包括建了房屋的土地、建过房屋但已无上盖物、不能居住的土地及准备建房用的规划地三种类型。

我国农村居民宅基地一般包括居住生活用地，如住房、厨房、仓库、牲畜房、农机房和厕所用地；四旁绿化用地，如房前屋后的竹林、林木和花圃用地；其他生活服务实施用地，如水井、地窖和沼气池用地等。在我国农村大部分地区，宅基地就是一家一户的农村村民居住生活的庭院用地。根据《国土资源部关于进一步完善农村宅基地管理制度切实维护农民权益的通知》（2010 年 3 月 2 日）规定，农村村民宅基地的所有权归集体所有，农民对宅基地依法只享有使用权，农村居民宅基地使用权是农村村民的一项重要的财产权利。

问：什么是农村宅基地使用权？

答：农村村民宅基地使用权，是指农村集体经济组织的成员依法享有的在农民集体所有的土地上建造个人住宅的权利。根据《中华人民共和国物权法》第一百五十二条规定，农村村民依法对集体所有的土地享有占有和使用的权利，并有权利用该土地建造住宅及其附属设施。村民取得宅基地，直接目的是建造住房。可以从以下几个方面理解农村宅基地使用权：

（1）农村的宅基地与集体经济组织成员的权利和利益是联系在一起的　农民申请宅基地在很大程度上是因为农民是农村集体经济组织的成员，每个成员都有权以个人或者农户的名义申请宅基地，土地的有限性决定了集体经济组织以外的人员一般不能申请宅基地。农村的宅基地具有一定的福利性质，这种福利主要表现在农民能够廉价甚至无偿取得宅基地，从而获取基本的生活条件，这也是农村居民与城市居民相比享有的最低限度的福利。

（2）宅基地使用权是农村村民对于集体土地的用益物权　宅基地作为用益物权，首先表现在权利人可以对宅基地长期享有占有、使用的权利。对于宅基地，权利人有权在宅基地上建设房屋和附属设施。

（3）集体经济组织的成员只能申请一处宅基地　由于土地资源有限，不可能给每个农村居民提供更多的宅基地，而每户申请到一处宅基地，便可以保证其基本的生活需要，如果允许申请多处宅基地，就会对土地资源造成浪费。

问：什么是宅基地使用证？

答：宅基地使用证与宅基地使用权具有直接对应的关系，只有具有宅基地使用权的村民才能申领宅基地使用证，村民只有拥有宅基地使用证才能证明该村民为该宅基地的合法使用权人。我国在农村合作化以后，农村村民在集体土地上因建房需要，向集体组织申请建房用地，经集体同意，经乡（镇）人民政府审核同意报送县（市）人民政府批准后，向县（市）土地行政主管部门申请办理集体土地使用权登记并由县（市）人民政府颁发的《集体土地使用证》。现在，大多数的农村土地管理部门已经统一发放《集体土地使用证》，而不是《宅基地使用证》，两者叫法不同，但意义却相同。宅基地使用证是当前农村村民合法拥有房屋和用地的权利凭证，在很多地方，宅基地使用证是农村村民申领房屋房产证的主要依据。一般可以在集体内部成员之间转让，但不得向非集体组织成员转让。

问：谁享有农村宅基地的所有权？

答：根据《中华人民共和国土地管理法》第八条规定，我国城市市区的土地属于国家所有；农村和城市郊区的土地，除由法律规定属于国家所有的以外，属于农民集体所有；宅基地和自留山，属于农民集体所有。因此，农村宅基地的所有权归农民集体所有。

问：什么是农村宅基地占有权？

答：宅基地的占有权，是指宅基地使用权人经依法申请批准取得宅基地使用权后，便享有对宅基地的独占权，任何组织和个人均不得非法侵占、擅自使用或剥夺其宅基地的使用。

对于宅基地上原有的建筑设施及其他林木，所有人或管理人应在合理的期限内作出处理，不能对宅基地使用权人的正常使用造成影响。

问：农村宅基地的管理机关是谁？

答：根据《中华人民共和国土地管理法》第六十二条规定，国务院及地方各地人民政府土地管理机构，依法行使农村住宅建设用地的国家管理职能。

县级以上人民政府土地管理机构是最重要的管理者。县级以下的乡级人民政府土地管理机构，仅起协助县级土地管理机构行使国家管理的作用。

乡（镇）村各级集体经济组织仅作为集体土地所有权主体的代表，行使农村宅基地所有权，不能代替国家管理的职能。

问：什么是农民建造住宅用地指标？

答：根据国家计划委员会、原国家土地管理局 1987 年 10 月颁布的《建设用地计划管理暂行办法》第十条第一款的规定："国民经济和社会发展计划批准后，用地计划指标逐级分解下达到县。国务院各部门建设项目的用地指标，下达到项目所在的省，纳入该省的用地总指标，不得挪用。"该《办法》第九条第三款还规定："乡（镇）村集体建设用地和农村个人建房用地的计划指标，应根据当地土地利用规划、用地定额并采用因素分析等方法确定"。

据此，农村居民建造住宅用地指标并没有一个全国通用的具体标准，而是由各地方政府根据当地实际情况来分析确定。比如：《河北省土地管理条例》第五十三条规定，农村村民新建住宅，宅基地的用地标准：

（1）城市郊区，每处宅基地不得超过 167 平方米；

（2）平原地区和山区，人均耕地不足 1 000 平方米的县（市），每处宅基地不得超过 200 平方米，人均耕地 1 000 平方米以上的县（市），每处宅基地不得超过 233 平方米；

（3）坝上地区，每处宅基地不得超过 467 平方米。

在上述规定的限额内，市、县人民政府可以根据当地实际情况，具体规定本行政区域内的农村宅基地标准。

问：私建房屋将承担什么法律责任？

答：《中华人民共和国土地管理法》第七十七条规定，农村村民未经批准或者采取欺骗手段骗取批准，非法占用土地建住宅的，由县级以上人民政府土地行政主管部门责令退还非法占用的土地，限期拆除在非法占用的土地上新建的房屋。超过省、自治区、直辖市规定的标准，多占的土地以非法占用土地论处。

问：城镇居民可以在老家农村原址上建房吗？

答：1995 年 5 月 1 日起施行的《确定土地所有权和使用权的若干规定》第四十八条规定："非农业户口居民（含华侨）原在农村的

宅基地，房屋产权没有变化的，可依法确定其集体土地建设用地使用权。房屋拆除后没有批准重建的，土地使用权由村集体收回”。《国务院关于深化改革严格土地管理的规定》规定，禁止城镇居民在农村购置宅基地。由这些规定可以看出，原则上非农业户口的居民不能使用集体土地建住宅。

农村居民即使转为了城镇户口，其原在农村宅基地上的房屋依然属于其私有财产，应当受到法律的保护，且房、地不可分离，所以，只要房屋还在并且基本完好，村集体就无权收回宅基地使用权。但是，只要在房屋被房屋所有人拆除或者自然毁坏灭失、原宅基地不再是房屋的载体的时候，农村集体经济组织就可以收回宅基地。

问：农民应当缴纳房产税吗?

答：国家财政部、税务总局在《关于房产税若干具体问题的解释和暂行规定》第二条中指出，城市的征税范围为市区、郊区和市辖县县城，不包括农村。建制镇的征税范围为镇人民政府所在地，不包括所辖的行政村。国家税务总局也在《关于调整房产税和土地使用税具体征税范围解释规定的通知》中明确规定，对农、林、牧、渔业用地和农民居住房及土地不征收房产税和土地使用税。因此，农村居民自建房屋不在征税范围之内。

第二章 宅基地的申请和审批

申请宅基地需要满足的条件有哪些？

>>经典案例

2001年，王某到一个县城里做小生意。那个县城城市租房比较贵，于是他决定到县郊去找生意做。因为没有地方居住，王某便与当地某村委会达成协议，由该村给王某解决一块宅基地，王某只支付给该村2 600元的青苗补偿费，却没有办理宅基地使用权证，王某在这块宅基地上建了房，开始做生意。2006年12月，该村想要收回王某所占用的宅基地改成耕地，却遭到了王某的拒绝，该村便将王某经营的商品扣押，并将王某居住的房屋全部拆掉了。王某向某县人民法院起诉，请求法院维护自己对宅基地的使用权，要求村委会赔偿全部损失。

原告王某诉称：2001年，我到某县县郊某村做生意，当时和该村的村委会达成了宅基地协议，由村委会给我一处宅基地居住。当时，我支付给该村委会2 600元的青苗补偿费，但一直没有办理宅基地使用权证。他们见我的生意越来越好，就有很多人眼红，我把房子建好后，村委会却突然反悔，要求将这块宅基地收回去。我认为村委会既然已经批准了这处土地给我作为宅基地，现在收回去就是违反法律。另外，村委会还把我经营的商品扣押，将我居住的房屋也全都拆掉了，造成的直接经济损失有 4 万多元。我请求法院确认我的宅基地使用权，并要求村委会赔偿我所受到的经济损失。

被告村委会辩称：2001 年，王某到我村做生意，当时我们批给他一块地方暂住，但这并不代表我们同意将这块地作为他的宅基地。现在我村人口逐渐增多，土地资源开始变得稀少，需要将这块地收回用作耕地，我们采取的措施是合理合法的，请求法院予以支持。

法院经过审理查明，根据《中华人民共和国物权法》第一百五十三条和《中华人民共和国土地管理法》第十六条第一款规定，认为王某所说的宅基地使用权，不在法院受理范围之内，便告诉王某应请求当地人民政府处理，但王某的房屋和所经营的商品是个人合法财产，任何组织和个人非经法定途径，不得扣押，王某要求返还财物，赔偿损失，应予支持。经过法院调解，双方达成协议，王某放弃确认宅基地使用权的请求，村委会返还王某经营的商品，并赔偿王某经济损失 15 000 元。

>>律师在线

《中华人民共和国物权法》第一百五十三条，宅基地使用权的取得、行使和转让，适用土地管理法等法律和国家有关规定。

《中华人民共和国土地管理法》第十六条第一款，土地所有权和使用权争议，由当事人协商解决；协商不成的，由人民政府处理。

第十六条第三款，当事人对有关人民政府的处理决定不服的，可以自接到处理决定通知之日起 30 日内，向人民法院起诉。

《中华人民共和国民法通则》第七十五条，公民的个人财产，包括公民的合法收入、房屋、储蓄、生活用品、文物、图书资料、林木、牲畜和法律允许公民所有的生产资料以及其他合法财产。

公民的合法财产受法律保护，禁止任何组织或者个人侵占、哄抢、破坏或者非法查封、扣押、冻结、没收。

《中华人民共和国民事诉讼法》第八十五条，人民法院审理民事案件，根据当事人自愿的原则，在事实清楚的基础上，分清是非，进行调解。

《中华人民共和国民事诉讼法》第八十八条，调解达成协议，必须双方自愿，不得强迫。调解协议的内容不得违反法律规定。

《中华人民共和国民事诉讼法》第八十九条，调解达成协议，人民法院应当制作调解书。调解书应当写明诉讼请求、案件的事实和调解结果。

调解书由审判人员、书记员署名，加盖人民法院印章，送达双方当事人。

调解书经双方当事人签收后，即具有法律效力。

王某就宅基地使用权问题提起诉讼，不在法院受理范围之内；而村委会的行为侵犯了王某的财产所有权，村委会应当负有赔偿责任。本案不但涉及宅基地使用权诉讼纠纷的问题，而且涉及财产侵权的问题。

从上述的法律法规中我们可知，土地所有权和使用权争议，由当事人协商解决，协商解决不成的，由人民政府处理。当事人如果是对人民政府的处理决定不服的，可以自接到处理决定通知之日起 30 日内，向人民法院起诉。而本案中原告王某并没有经过法律规定的合法程序，就直接向人民法院起诉，不符合法律规定，因此法院不予受理。

王某之所以会向法院起诉，是因为他认为自己已经获得了这块地的宅基地使用权。宅基地使用权证是指农村村民在集体土地上因建房需要，向集体组织申请建房用地，经集体同意，经乡（镇）人民政府审核同意报送县（市）人民政府批准后，向县（市）土地管理部门申请办理集体土地使用权登记，并由县（市）人民政府颁发农村集体土地使用证。宅基地使用权证是农村村民合法拥有房屋和用地的权利凭证，是证明村民对宅基地享用合法使用权的有效凭证，在宅基地使用权发生争议时，是一种有效证据。另外，宅基地使用权证书也是征地拆迁补偿的依据，如果没有使用权证书，所得的补偿要比有使用权证书所得的补偿差很多，因此，农村宅基地使用权证书与农村居民的合法利益有着密不可分的联系。

那么，哪些人才可以获得宅基地使用权证呢？根据我国相关法律规定，农村村民申请宅基地的条件一般有以下几种情况：①因子女结婚等原因确需分户，缺少宅基地的；②外来人口落户，成为本集体经济组织成员，没有宅基地的；③因发生或者防御自然灾害、实施村庄和集镇规划以及进行乡（镇）村公共设施和公益事业建设，需要搬迁的。农村村民有下列情形之一的，不予批准使用宅基地：①年龄未满 18 周岁的；②原有宅基地的面积已经达到规定标准或者能够解决分户需要的；③出卖或者出租村内住房的。《中华人民共和国土地管理法》第六十二条规定，农村村民住宅用地，经乡（镇）人民政府审核，由县级人民政府批准；其中，涉及占用农用地的，依照本法第四十四条的规定办理审批手续。

从本案例中我们可以得知，王某不是该村人，也就是说王某并不是该集体经济组织成员，他与该集体经济组织之间发生的关系，纯属于暂时借住在该集体经济组织的短期行为，并不具备取得该县集体经济组织宅基地的条件。王某与该村委会达成的协议，违反法律规定，不具有法律效力。村民要取得宅基地使用权还要根据《中华人民共和国土地管理法》第六十二条规定，办理审批手续，王某也无法办理集体土地使用权证，所以，王某在法律上并未取得这块土地的使用权。

在现实生活中，有很多人对农村宅基地使用权证的法律功能不重视，以致在发生纠纷后捉襟见肘，甚至百口莫辩。国家管理部门有时工作可能产生疏漏，没有给宅基地使用权人颁发宅基地使用权证，从而导致纠纷。所以，农民朋友应该积极维护自己的权利，向国家有关机构主张自己的权利，同时也可以积极推动农村宅基地管理工作的规范有序开展。我们应当记住，当发生宅基地使用权争议时，宅基地使用权证上记载的内容是政府和法院定分止争的有效证据。宅基地申请经县（市）人民政府批准后，在法定期限向县（市）土地行政主管部门申请办理集体土地使用权登记，由县（市）人民政府颁发《农村集体建设用地使用权证》。

除此之外，本案还涉及了另外一个法律问题——财产所有权问题，王某所经营的商品和所建的房屋属于王某的个人合法财产，根据《中华人民共和国民法通则》第七十五条的规定，公民的个人财产，包括公民的合法收入、房屋、储蓄、生活用品、文物、图书资料、林木、牲畜和法律允许公民所有的生产资料以及其他合法财产。公民的个人合法财产受法律保护，禁止任何组织或个人侵占、哄抢、破坏或者非法查封、扣押、冻结、没收。该村委会的行为侵犯了王某的财产所有权，所以村委会理当承担赔偿责任。

本着自愿、合法的原则，本案在人民法院的细心调解下，原告王某同意放弃确认宅基地使用权的请求，被告村委会返还扣押王某的财产，人民法院制作了调解书，是完全合乎法律规定的。

其实，之所以会发生这样的纠纷，主要还在于人们对农村宅基地使用权的概念十分模糊，我们在此对宅基地使用权的特点作了以下几点说明：

（1）农村的宅基地与集体经济组织成员的权利和利益是联系在一起的。换句话说，农民申请宅基地在很大程度上是因为农民是农村集体经济组织的成员，其中，每一个成员都有权以个人或者农户的名义申请宅基地，土地的有限性决定了集体经济组织以外的人员一般不能申请宅基地。因此，宅基地通常是与成员权利联系在一起的。

农村的宅基地具有一定的福利性质，主要表现在农民能够廉价获得宅基地，从而得到基本的生活条件，这也是农村居民与城市居民相比享有的最低限度的福利。由于得到了宅基地，农村居民享有了基本的居住条件，从而使农村的稳定得到了维护。因为宅基地具有福利的性质，集体经济组织的成员获得宅基地一般是无偿的或者只需支付较少的地款就可以获得，而无需按市价购买。

（2）宅基地使用权是特定主体对于集体土地的用益物权：宅基地作为用益物权，首先表现在权利人可以对宅基地长期享有占有、使用的权利。权利人有权在宅基地上建造房屋和附属物。房屋是可以继承的，那么宅基地使用权实际上也是可以继承的，所以宅基地使用权是一种长期的权利。虽然权利人对宅基地享有长期的使用权，但这种使用权并非长期不变的。如果国家因为建设需要征用土地，或者村镇规划需要改变土地用途，或者居民个人的宅基地实际过多，远远超过了当地规定的标准，可以经过法定程序，对宅基地进行合理调剂或重新安排。

其中需要指出的是，因为宅基地主要是作为生活资料提供的，所以权利人不能将宅基地作为生产资料使用，比如将宅基地投资建厂或者改为鱼塘等。

（3）集体经济组织的成员只能申请一处宅基地。由于土地资源的有限性，不可能给每个农村居民提供更多的宅基地，而每户申请到一处宅基地，就可以保证其基本的生活需要，如果允许申请多处，则将会造成土地资源的浪费。1998 年修订的《中华人民共和国土地管理法》明确规定，一户只能拥有一处宅基地。虽然这一规定非常必要，但也应当有一些例外的规定。因为，在现实生活中，经常会存在一户可能拥有多处宅基地的现象，例如某人分家离去之后又继承父母的房屋，这就形成了多处宅基地的情况。又如子女成家盖房，申请了一块宅基地，不一定分户，这样一户形成两块宅基地。

那么，法律是否允许公民获得两处以上的宅基地呢？对此存在着以下两种观点：

（1）现行法律规定公民拥有一处宅基地，对于多出的宅基地，应当由集体收回。

（2）公民只要是通过合法的方式取得宅基地，集体不能予以收回，否则，等于禁止对公民的房屋进行继承和买卖。

其实，公民只能拥有一处宅基地，只是就申请而言的，法律上不应当禁止公民通过其他合法方式取得两处以上的宅基地使用权。但是公民拥有两处以上的宅基地就可能造成土地的浪费，如果宅基地长期闲置的，集体应当有权重新规划和调整，以保证土地资源的有效利用，集体如果因规划调整需要收回宅基地的，应当给予适当的补偿。

宅基地依法经过统一规划的，以规划后确定的使用权为准，公民原有的宅基地已经依法统一规划另行分配了的，不得再要求收回。宅基地经过法定程序个别调整了的，以调整后的所有权为准。抢占、多占集体土地或他人的宅基地的，一律无效。不按审批权限或程序划拨的宅基地，一般不予法律保护。城市房屋所有人在原宅基地上翻建、改建、扩建自己的房屋时，未按规定办理合法手续的，不予法律保护。

居民建住宅使用农村耕地的，应由县级以上政府批准吗？

>>经典案例

齐某是某省某县大运乡李官村的村民，刘某是齐某的妻子，同村村民，孔某也是同村村民。1995 年 4 月，李官村村委会经大运乡人民政府和大运乡土地管理办公室同意，进行村民建房统一规划。齐某一户被安排在李官村溪边第九排，屋基两间，面积 75 平方米，共 6 口人；孔某一户被安排在李官村水井外第六排、第七排前后各一间，面积 75 平方米，共 5 口人。这两个地方均属于耕地。

1995 年 7 月 24 日，孔某应原告齐某的要求，同意与齐某互换上述建房用地位置，并在证人张某的参与下，双方签订了互换合约。合约载明："今有齐某、孔某双方自愿调换屋基，有齐某的溪边第九排两间连余地换孔某水井外第六、第七排公路边前后各一间共两间，双方协议商定不得反悔，立此合约"。齐某、孔某签字。同年 9 月 10 日，李官村村委会在原、被告分别呈报的农村私人建房用地呈报表审批栏中签署了"同意两间"的意见。大运乡土地管理办公室、大运乡人民政府于同日也在其审批栏中签署了"同意在耕地上建房两间，计 75 平方米"的意见，并加盖了公章，签署了"村统一规划"的意见。之后，被告孔某便开始在调换后的屋基上动工兴建。没过多久，刘某，即原告齐某的妻子却提出不同意调换，齐某也开始反悔。1996 年 10 月 27 日，原告齐某、刘某夫妇以原告齐某未经共有人之一的原告刘某的同意，调换无效为由，要求法院判令屋基调换协议无效。

原告齐某、刘某夫妇诉称：村委会统一划拨给我二人建房的耕地，位于李官村溪边第九排，该地段取水、生活等各方面都比较方便。该宅基地属于齐某和刘某共有，我们二人共同拥有此处的宅基地使用权。1995 年 7 月 24 日，齐某未经我同意，擅自处分，现齐某反悔，请求法院判令齐某和孔某之间的房屋屋基调换协议无效。

被告孔某辩称：该屋基调换是双方自愿，写有调换合约，且是在集体刚确定各自屋基的位置，县人民政府未登记造册、核发证书之前，即权属尚未经书面确定情况下调换的。这种调换政府是允许的。所以双方的屋基调换合法有效。

诉讼提起后，该县土地管理局于 1995 年 11 月 30 日分别在原、被告的农村私人建房用地呈报表的意见栏中批示："准予在耕地上建房两间计 75 平方米"，并加盖了公章；还分别在各自的备注栏中注明："同孔某调换""同齐某调换"。但是原告与被告双方均没有向法庭告知有关事实及提交该县土地管理局的批准文书。法庭对此毫不知情。

法院经审理认为，本案不属于人民法院民事案件受理范围，原告应向有关行政部门请求解决。根据《中华人民共和国民事诉讼法》第一百零八条规定，该院于 1997 年 1 月 20 日裁定如下：驳回原告的起诉。

>>律师在线

《中华人民共和国土地管理法》第三十六条第二款，禁止占用耕地建窑、建坟或者擅自在耕地上建房、挖砂、采石、采矿、取土等。

《中华人民共和国土地管理法》第六十二条，农村村民一户只能拥有一处宅基地，其宅基地的面积不得超过省、自治区、直辖市规定的标准。

农村村民建住宅，应当符合乡（镇）土地利用总体规划，并尽量使用原有的宅基地和村内空闲地。

农村村民住宅用地，经乡（镇）人民政府审核，由县级人民政府批准；其中，涉及占用农用地的，依照本法第四十四条的规定办理审批手续。

《中华人民共和国民事诉讼法》第一百零八条起诉必须符合下列条件：

（一）原告是与本案有直接利害关系的公民、法人和其他组织；

（二）有明确的被告；

（三）有具体的诉讼请求和事实、理由；

（四）属于人民法院受理民事诉讼的范围和受诉人民法院管辖。

本案原、被告互换屋基虽然是在经村统一规划确定建房用地位置后进行的，但根据《中华人民共和国土地管理法》第六十二条第二款，关于农村居民建住宅使用耕地的，应由经乡级人民政府审核后，报县级人民政府批准的规定。而本案原告齐某和刘某起诉时，原、被告均没有取得该县人民政府的职能部门该县土地管理局批准同意在李官村耕地上建房，这说明双方都尚未取得建房土地的使用权，该土地的使用权仍属于集体。

而原告要求法院确认其与被告的屋基互换行为无效，不但其原告主体资格不具备，而且被告的主体资格也不具备，即原告的起诉不符合《中华人民共和国民事诉讼法》第一百零八条中关于必须有明确的原、被告的要求。所以，实际上原告是不具备诉讼的主体的资格的。同时，考虑到我国的社会主义性质，我国的土地所有权并不属于个人，而是属于国家和集体的。在农村地区，土地所有权属于集体，而在本案中，土地使用权尚未合法转让，土地使用权仍属于集体，原、被告双方无权争议，不能作为自己的诉讼请求的事实和理由，因此也是不符合民事诉讼法第一百零八条第（三）项关于“有具体的诉讼请求和事实、理由”的要求的。所以，在起诉的四项条件中三项不具备的情况下，应驳回原告的起诉。

在本案中，我们可以发现农村居民建房中常见的一种现象，那就是他们在经村委会统一规划并经有关主管部门同意确定建房位置后，即确定宅基地位置后，需建房者报批建房及建房用地有一个过程。在这个过程中，建房者之间根据自己的实际情况，相互协商做一些调整，是法律所允许的，只是需要在报批的申请表中如实说明情况。因为这种安排是为了解决农村居民居住的实际问题和按合理利用土地资源的有关标准进行的，所以一般都会得到土地行政管理部门的批准。这需要建房户在报批过程中，实际具备建房和用地的准权利人资格。这种基本事实决定，当事人之间就这种属国家主管部门管理和确认的客体，在确认之前按照自愿和公平原则，协议进行交换，并不为法律所禁止。只要符合法律规定，这种平等主体之间的交换行为一般都会得到主管部门的批准和确认。所以，当事人之间在审批过程中发生的交换行为，产生的是平等主体之间的民事法律关系。

所以，本案原告起诉要求确认互换屋基协议无效，这是一种民事契约法律关系，法院所要审查的，就是原告要求确认无效的理由是否成立，这在人民法院民事立案范围之内。

在本案中，法院正是基于这一原则，才进行立案的。但因为其作为土地使用权的主体资格最终要有待于政府主管部门的审批意见才能确立，所以法院在受理案件后，是可以根据诉讼中出现的政府主管部门审批的结果，来作为确认当事人的诉讼请求是否从根本上成立为依据的。

但是，本案的特别之处在于原告起诉之后，该县土地管理局批准了原告、被告的建房申请，同时也同意了齐某、孔某的互换协议。那么是否可因为在原告起诉后，该县土地管理局批准了原、被告的建房申请和同意双方调换建房用地，案件应当继续审理呢？此点，在最高人民法院1995年12月27日法发（1996）2号《关于审理房地产管理法施行前房地产开发经营案件若干问题的解答》第五条中表达得十分清楚。第五条规定：“出让合同出让的土地使用权未依法办理审批、登记手续的，一般应当认定合同无效，但在一审诉讼期间，对于出让集体土地使用权依法补办了征用手续转为国有土地，并依法补办了出让手续的，或者出让未经依法批准的国有土地使用权依法补办了审批、登记手续的，可认定合同有效”。在本案中，法院应当在审判中考虑到审判合理性的问题，再作出原告诉讼请求是否成立的判决，不应该驳回原告的请求。

怎样取得宅基地使用权主体资格?

>>经典案例

赵某是某县太平镇太平村甲组的村民，祖传住宅坐落在A桥北西侧，面积有160平方米。1982年8月，县城建局下属路灯管理站（以下简称路灯站）因建造办公楼，要征用原告赵某的宅基地。宅基地被征用后，被告太平镇太平村甲组（以下简称为甲组）根据当时的政策规定，在B桥东南侧重新安排了一块面积为0.69亩*的土地给原告赵某作为宅基地（含自留地）。赵某由于家庭经济困难，一直没有在上面建造房屋。1994年11月，被告甲组没有征得原告赵某的同意，便擅自将赵某的这块宅基地征用给县商业局建造局干部宿舍。

* 亩为非法定计量单位，1亩=1/15公顷。

协议签订后，商业局支付给甲组土地补偿费及安置补助费等 6 000 多元。后来，原告赵某在剩余的土地上申请建房未获批准，而甲组也未按有关规定另行安排宅基地给赵某，致使他无地建房，一直租房居住，造成了重大的经济损失。所以，赵某将甲组告上法院，请求判令被告甲组停止侵害，补偿其宅基地 0.3 亩，或补偿 90 平方米的房产。除此之外，还要求甲组赔偿他经济损失 28 800 元，精神损失费35 000 元，并补偿他相应宅基地的地段差价，由被告甲组承担本案的诉讼费。

被告甲组辩称，赵某起诉主体错误，甲组不应列为本案被告。商业局征用土地经过赵某妻子李某的同意。此外，赵某适用法律也是错误的，本案不属于法院民事诉讼管辖范围，而是适用行政诉讼程序，所以请求法院驳回原告的诉讼请求。

县人民法院受理此案后，经审理查明，原告赵某是被告甲组的村民。1982 年 8 月，路灯站因建设办公楼需向原告赵某所在生产队征用土地，原告赵某的住宅房屋和蔬菜地被征用。被告甲组在 B 桥东南侧重新安排了一块面积为 0.69 亩的土地给原告赵某作为宅基地(含自留地)，但原告赵某一直未在被告甲组另行安排的这块土地上建造房屋。1994 年 11 月，商业局因建设局干部宿舍需要征用土地，与被告甲组签订了一份征地协议书，被告甲组将安排给原告赵某建房用的 B 桥东南侧 0.69 亩土地中的 0.307 亩交由商业局征用建造宿舍，商业局为征地支付的土地补偿费 2 763 元、安置补助费 3 070 元、青苗补助费 307 元，合计 6 140 元由被告收取。商业局向原告前妻李某支付补助款 600 元。剩余的 0.225 亩宅基地因为靠近某港航道，原告赵某的建房申请被城建部门明确告知不予审批。为此，原告赵某多次要求被告甲组另行安排赵某相应的宅基地用来建房，但始终没有结果。

另外，法院还查明，1995 年 12 月 6 日，原告赵某与妻子李某协议离婚时，约定1982年路灯站征用土地后，原告另行建造的74.36平方米住房和辅助用房归李某所有，并于2000年7月办理了变更登记手续。原告赵某无房居住，又无处建房，只得租房居住，一直到承包某旅社后，才住进该旅社。自1995年以来，原告赵某多次向有关部门、领导反映，要求另行安排宅基地给他，镇领导和有关部门也对此做了很多工作，但因为被告甲组现今已经没有宅基地可以安排，所以原告赵某的宅基地问题一直没有得到解决。原告赵某按照有关规定可以享受安排宅基地建房90平方米，被告甲组所在地属于二级地，基准地价为485~550元/平方米。被告甲组目前已无宅基地可安排，集体财产有10间平房、3间楼房、5间营业二层楼房。这些房子出租，年租金收入90 000余元归被告甲组所有，该组财物独立。

县人民法院查明事实后，根据《中华人民共和国民事诉讼法》第六十四条第一款的规定，判决驳回原告赵某的诉讼请求。

>>律师在线

本案争议的法律问题，主要涉及以下两个方面：

1. 民事诉讼管辖范围

民事诉讼是指人民法院在当事人及其他诉讼参与人的参加下，依照法定程序，根据民事法律审理和解决民事争议案件的活动，以及由这些活动产生的各种诉讼关系的总和。民事诉讼动态地表现为法院、当事人及其他诉讼参与人进行的各种诉讼活动，静态地表现为在诉讼活动中产生的诉讼关系。而法院受理民事案件，是根据原告起诉所涉及的法律关系性质而定，并不取决于其实体权利是否成立和享有。

本案中，原告赵某与被告甲组之间的宅基地使用权纠纷属于民事纠纷。所以，被告甲组认为本案不属于法院民事诉讼管辖范围，这一观点是错误的，人民法院受理此案并无不当之处。

2. 宅基地使用权主体资格的取得

农村居民建房，在经村、组统一规划，并经有关主管部门同意确定建房位置后，需建房者报批建房及建房用地有一个过程，在报批过程中需建房者实际具备了建房和用地的准权利人资格，但其作为土地使用权的主体资格最终有待于县级政府土地管理部门的审批意见才能确立。

本案原告赵某所诉土地使用权，只是被告甲组为其确定了可以建房的位置，但原告赵某要想真正取得这块土地建房的土地使用权，还要取决于政府主管部门的审批意见。本案原告赵某在被告甲组为其安排建房用地长达 12 年的时间内，并未依法办理该块地的申请建房手续，一直到该块地被部分征用建造商业局干部宿舍。而剩余的土地，因为靠近某港航道，所以原告申请建房的要求未获批准。由此可见，原告赵某并没有取得政府主管部门同意其在该地块上建房的审批意见，也就是说，原告赵某不具备该地块使用权主体资格，那么也就不能以土地使用权主体的身份主张权利。所以，县人民法院经依法审理，作出驳回原告诉讼请求的处理是合法的。

已经出嫁的女儿能否回娘家要求分割宅基地?

>>经典案例

赵某某和妻子属于某市下关镇某村一社的成员，共育有三男两女。长女赵甲于 1986 年结婚，嫁到该村二社，次子赵乙，于 1990 年和李某结婚，1991 年生育女儿赵某，赵乙于 1993 年因意外死亡。2001 年，李某以招婿的方式和张某结婚，婚后共同和大家庭生活。

三女赵丙于1986年6月到该市某建筑公司工作，继而转为城市户口，并于1991年和同单位职工结婚，购买了单位的福利房。四子赵丁、五子赵戊也均已结婚生子。2005年，赵某某的妻子因病去世。

1989年11月12日，下关镇政府给赵某某户颁发了两个宅基地使用权证，一号证载明的面积是152平方米，二号证载明的面积是340平方米，两个宅基地使用证上均注明家庭成员为六人。2006年，五子赵戊在二号宅基地上翻盖新房。2007年，一号宅基地上的房子因为成为危房而被赵某某拆除。2008年，四子赵丁在一号宅基地的部分土地上建盖了新房。李某一家因困难，在外租房居住。由于房地产市场火爆，两块宅基地的价值飙升，同地段的国有土地价值已经从2002年的每亩30万飙升至400万。2007年后，长女赵甲和三女赵丙多次回娘家要求分割家产，分割宅基地，但始终由于赵某某和家庭其他成员意见有分歧，没有达成协议而诉至法院。

该市人民法院审理后认为，原告赵甲和赵丙虽然出示了两份宅基地证，但并没有进一步举证证明两份宅基地证注明的六人就包括原告赵甲和赵丙两个人，所以便以举证不足以证明其主张为由，驳回两原告赵甲和赵丙的诉讼请求。

两原告不服，认为被告李某和赵乙是于1990年结的婚，不属于发放宅基地使用权证时的家庭成员，因此没有宅基地份额，以一审审理认定证据错误、适用法律不当为由向该市中级人民法院提起上诉。二审法院审理后作出驳回上诉、维持原判的终审判决。

>>律师在线

本案争议的法律问题，主要涉及以下两个方面：

1. 出嫁女能否回娘家要求分割宅基地

本案上诉人起诉的是分家析产案件，但因为两上诉人赵甲、赵丙均已经在1987年以前就出嫁，迁出户口另组建了家庭，在法律上并不属于被上诉人的家庭成员，所以，两人并没有分家的基础；另外，其父母建盖的住房早于 2007 年全部灭失，现在的房产是本案第三人赵丁、赵戊建盖的，其中并没有其他人的份额，两个上诉人要求析产也无产可析。所以一审法院驳回诉讼请求是正确的，依法应予以维持。

除此之外，两上诉人也不具备另行取得农村宅基地的法定条件。赵甲于 1986 年结婚，嫁到另一集体经济组织，赵甲在该农村集体经济组织已经和丈夫及其子女获得了新的宅基地，根据《中华人民共和国土地管理法》第六十二条的规定，农村村民一户只能拥有一处宅基地，其不能获得另外的宅基地。上诉人赵丙于 1986 年 6 月转为城市户口，到该市某建筑公司上班，并组建了家庭，而且在该公司享受了城市房改的福利政策，根据《中华人民共和国土地管理法》第八条的规定，农村的土地属于农民集体所有，赵丙已经不是农村户口，因此依法不再享有农村宅基地使用权。

2. 怎样理解“一户一宅”原则

我国法律规定，农村一户只能拥有一处宅基地，不能因为家庭成员多而拥有多处宅基地。已经出嫁的女儿，其户口也随之转移到了另外一个集体经济组织，那么就不再属于娘家户口登记的家庭成员，也就不具备拥有宅基地使用权的条件。

本案上诉人赵甲和赵丙以分家析产为由，要求按份额对原审第三人赵某某户的宅基地使用权进行析产。赵甲和赵丙均已在 2006 年以前结婚各自另立家庭，并且赵丙也已转为非农业人口，其农村经济组织家庭成员所享有的宅基地使用权也就随之消失了；赵甲组建家庭，其宅基地使用权应以新成立的家庭依法另行享有，两上诉人作为赵某某家庭成员时的原有房产已经全部灭失，现在宅基地上的房产是赵丁和赵戊所建盖，两上诉人没有证据证明与被上诉人及原审第三人之间存在家庭共同财产，所以在本案中无“家”可分，无“产”可析，对于宅基地使用权，本案一号、二号宅基地证均是人民政府经审批给第三人赵某某户使用，依照我国法律规定，农村村民一户只能拥有一处宅基地，该宅基地由原赵某某户实际使用人继续使用，他人不得分割。上诉人赵甲和赵丙要求对该宅基地进行按份析产的请求，没有法律依据，因此二审法院作出驳回上诉、维持原判的终审判决是正确的。

招婿妇女有权分得宅基地吗?

>>经典案例

某县永安镇某村村民贾某与其丈夫张某（外地人）结婚登记后，两人户口均落户在该县永安镇某村。贾某曾多次向该村村委会（以下简称村委会）提出要求划分宅基地的申请，而村委会却一直以各种借口不给划分宅基地。由于没有住房，贾某和张某两人就一直没有举行婚礼。2000 年，贾某诉至该县人民法院，请求法院判令被告村委会履行职责，给其划分宅基地。

被告村委会辩称，接到贾某的申请后，村委会经过慎重研究，根据“某村村庄规划条例”和《关于宅基地的管理办法》的相关规定，对其申请不予批准。这两个规定均是经村两委、全体党员和村民代表讨论制定的，根据这两个规定，本村宅基地只分男不分女。

该县人民法院经审理认为，在申请宅基地方面，原告贾某和男子享有同等的权利。对于贾某的申请，村委会有义务依法召开村民会议进行讨论，在村民会议讨论后向贾某作出明确的答复，村委会理应履行其法定职责。根据《中华人民共和国行政诉讼法》第五十四条第一款第（三）项的规定，判决被告于判决书生效后一个月内对原告贾某的申请履行法定职责。

>>律师在线

本案主要涉及以下两个方面的问题：

1. 招婿妇女能否与男性村民一样分得宅基地

男女平等，是国我国《宪法》和《婚姻法》等法律规定的基本原则。结婚后，女方可以到男方家落户，成为男方家庭中的一员；男方也可以到女方家落户，成为女方家庭中的一员。我国《妇女权益保障法》规定：农村划分责任田、口粮田等以及批准宅基地，妇女与男子享有平等权利，不得侵害妇女的合法权益。如果妇女落户在本村，那么该村集体经济组织在进行相关的利益分配时，应将该妇女纳入分配范围之内，享受该集体经济组织同等的民事权利。

本案中，贾某的丈夫张某是外地人，两个人结婚后在贾某所在村落户，成为女方家庭中的一员，那么贾某和丈夫张某就都属于该村村民，依法应当享有和本村村民同等的宅基地使用权等各项权利，村委会不能以任何理由剥夺贾某的这些权利。所以，贾某与村里其他村民一样能够分得宅基地。因此，法院判决村委会履行法定职责是正确的。

2. 村委会按村民会议意见拒绝分配宅基地的行为是否合法

村委会的这一行为涉及两个层次的问题：一个是村委会不给贾某宅基地的行为是否合法；另一个是村委会作出决定的依据，即“某村村庄规划条例”和《关于宅基地的管理办法》是否合法。

村委会按村民会议意见拒绝分配给原告贾某宅基地的行为在程序上是合法的，但在实体上却是违法的。在贾某起诉前后，村委会都是根据该村制定的“某村村庄规划条例”和《关于宅基地的管理办法》

的规定，经过召开村民大会集体讨论后作出的具体决定——不给原告安排宅基地。因此，村委会作出的这一具体决定在程序上不存在违法性。但村委会不分配给贾某宅基地的唯一理由是贾某是妇女，这一行为违反了《宪法》和《妇女权益保障法》关于男女平等的规定，这种明显歧视和剥夺妇女权益的决定是不合法的。村委会拒绝分给女性宅基地的两个依据“某村村庄规划条例”和《关于宅基地的管理办法》与宪法和法律相抵触，村规民约的效力低于宪法和法律，因此，村委会依据的“某村村庄规划条例”和《关于宅基地的管理办法》关于不给妇女分配宅基地的规定是无效的。

农村村民一户可以拥有几处宅基地?

>>经典案例一

孙某是某村村民，生有两个儿子，一家一共四口人。两个儿子长大成家后，一直同父母住在老宅，没有分家。孙某与其哥哥比邻而居。2002 年，孙某的哥哥一家迁到城里居住，转为城镇户口，其宅基地和房屋一直闲置着。孙某近水楼台先得月，占用了哥哥的房屋。该村村委会多次找到孙某，要求他将所占的房屋腾退，却始终遭到孙某的拒绝，该村委会便将孙某告上法庭。

原告村委会诉称：孙某的哥哥已经属于城镇居民，村委会有权收回其房屋，孙某占用其哥哥的宅基地及房屋的行为，违反了“农村村民一户只能拥有一处宅基地”的相关法律规定，请求法院判令孙某腾退所占宅基地。

被告孙某辩称：其哥哥的宅基地房屋属于孙家老宅的一部分，自己的两个儿子现在均已成家，原来的房屋不够全家居住，占用老宅并没有影响他人的利益，要求法院驳回村委会的诉讼请求。

法院经过审理认为，孙某违反了我国“农村村民一户只能拥有一处宅基地”的法律规定，故支持村委会的诉讼请求，判决孙某腾退其所占宅基地。

>>律师在线

本案主要涉及的法律问题是：农村村民一户可以拥有几处宅基地？

根据《中华人民共和国土地管理法》第六十二条的规定，农村村民一户只能拥有一处宅基地。国土资源部《关于加强农村宅基地管理的意见》第一条第（五）项规定：严格宅基地申请条件。坚决贯彻“一户一宅”的法律规定。农村村民一户只能拥有一处宅基地，面积不得超过省、自治区、直辖市规定的标准。各地应结合本地的实际情况，制定统一的农村宅基地面积标准与宅基地申请条件。不符合条件的对宅基地申请不予批准。我国的实际情况是人多地少，所以实行严格的土地管制是十分必要的，在宅基地的使用上采取“一户一宅”的原则，有利于土地的管理。法律规定农村村民一户只能拥有一处宅基地，不能因为家庭人口众多而拥有多处宅基地。如果宅基地面积超过规定的标准，在对宅基地上的房屋不进行改动的情况下，根据《确定土地所有权和使用权的若干规定》第四十五条的规定：“1982 年 2 月国务院发布《村镇建房用地管理条例》之前农村居民建房占用的宅基地，超过当地政府规定的面积，在《村镇建房用地管理条例》施行后未经拆迁、改建、翻建的，可以暂按现有实际使用面积确定集体土地建设用地使用权”。同时，根据《确定土地所有权和使用权的若干规定》第五十一条的规定：“按照本规定第四十五条至第四十九条的规定确定农村居民宅基地集体土地建设用地使用权时，其面积超过当地政府规定标准的，可在土地登记卡和土地证书内注明超过标准面积的数量。以后分户建房或现有房屋拆迁、改建、翻建或政府依法实施规划重新建设时，按当地政府规定的面积标准重新确定使用权，其超过部分退还集体”。

对于一户村民，应根据户籍管理的登记来进行判断，倘若在户口本上登记的是一个户主名下，那么该户口本所登记的家庭就是一户，那么就只能拥有一处宅基地。

一处宅基地，是指农村村民一户所使用的宅基地是一块整地，而不是分散于村集体土地不同地方的两块土地，如果分布于不同地块，就不再是一处宅基地。

本案中，孙某的两个儿子在长大成家后，没有与父母分家，一直住在老宅，属于登记在一个户主名下的一户村民，只能拥有一处宅基地。孙某的哥哥一家迁到城里居住后，转为了城镇户口，其原所有的宅基地理应由该村村委会收回。孙某占用其哥哥的宅基地，不符合法律“一户一宅”的规定，法院对村委会要求孙某腾退所占宅基地的诉讼请求予以支持是正确的。

>>经典案例二

徐某是浙江省玉环县某村村民，一家一共五口人。1997 年，徐某一家批得 110 平方米宅基地。2005 年，徐某继承了其父母的一座房屋。自此以后，一家五口人拥有占地面积 161 平方米的 3 座房屋。

1999 年，徐某的两个女儿分别以自己为户主在本村单独立户，并从外村将她们丈夫的户口迁了进来。由于没有地方居住，她们两人便又各自申请了一块宅基地。

两个人开始建房后，玉环村有 部分村民反应强烈。土地审批机关经调查发现，徐某一家的宅基地面积已超出县人民政府规定的限额标准，在分户时并没有将原住宅进行析产，应视为已有住宅。所以，土地审批机关撤销了两个人的建房用地批准。

>>律师在线

本案主要涉及的问题是：土地审批机关的撤销行为是否违法？

对于本案，人们有两种不同的观点：有人认为，两个人的宅基地应当予以批准。她们只是居住在父母家，并不享有父母所建房屋的所有权。但她们在出嫁后，与迁入的丈夫单立一户，符合《户口登记管理条例》中“户”的概念。农村宅基地的取得是以“户”为单位，而是否为一户，则应当根据户口簿来判断。

还有的人认为，两个人已经拥有住宅。她们的父母申请建房时，已将她们作为家庭成员报批，取得的宅基地中包含有她们的份额。所以，土地审批机关不能再对她们的宅基地申请予以批准。

《中华人民共和国土地管理法》第六十二条规定：“农村村民一户只能拥有一处宅基地，其宅基地的面积不得超过省、自治区、直辖市规定的标准”。《浙江省土地管理实施办法》第四十三条规定：“严格限制宅基地面积。农村私人建房其宅基地面积标准（包括附属用房、庭院用地），大户使用耕地的，最高不得超过125平方米，使用非耕地的，最高不得超过140平方米。大、中、小户的划分和建房用地的限额标准，由县级人民政府根据当地实际情况，作出具体规定”。《玉环县农村村民住宅用地管理办法》第九条规定：“农村村民一户只能拥有一处宅基地。每户宅基地限额标准：3人以下（含3人）的小户安排1间，使用农用地面积不得超过57平方米；4~5人的中户安排2间，使用农用地面积不得超过115平方米；6人以上的大户安排3间，使用农用地面积不得超过125平方米。”第二十四条规定：“以所有家庭成员作为一户申请批准宅基地后，符合分户和再申请建房条件未将住宅办理分家析产的，其宅基地申请不予批准”。

从以上这些规定中我们可以看出：①村民一户只能拥有一处宅基地；②严格限制宅基地面积，且由县级政府具体规定；③以所有家庭成员作为一户申请批准宅基地后，如再申请，要对原有住宅进行析产。

当初，如果徐某不把两个女儿作为家庭成员报批，就不可能得到110平方米的宅基地，这是问题的症结所在。只要是原房产未经析产，徐某的两个女儿就仍享有该房产。所以，以自己为户主在本村单立一户，这个“户”只能理解为《户口条例》中的“户”，不是《中华人民共和国土地管理法》等相关土地法规中所确定的可申请宅基地的“户”。两个人出嫁后，只要住宅已达标，就无权再申请宅基地。

由此可见，析产是村民申请批准宅基地的一个非常重要的条件。2005年，徐某继承父母的房屋后，一家五口人便拥有了161平方米的宅基地。如果他们分户时不析产便可获批宅基地，那样，他们家的宅基地就会越来越大。这明显不符合法律规定，也有悖于节约和合理使用土地的原则。所以，土地审批机关不能再批准两个人宅基地，有权撤销她们的建房用地审批。

农村村民出卖房屋后，还能再申请宅基地吗？

>>经典案例

林某是某市某村村民，1998年1月25日，林某将其拥有的部分农村房屋以1万元的价款卖给同村村民乔某。2002年，林某的儿子结婚生子，房子不够用，林某便向村集体申请新批宅基地，村集体经过讨论研究，最后作出不予上报其申请的决定。林某与村集体发生争议，诉至法院，请求法院判决村集体经济组织履行职责，为其报批新的宅基地。

被告该村集体经济组织辩称，根据法律规定，农村村民出卖房屋后，不能再申请新的宅基地，所以对林某的诉讼请求不予批准。

法院经过审理后，作出了驳回林某诉讼请求的判决。

>>律师在线

本案涉及的主要法律问题是：农村村民出卖房屋后，能否再申请宅基地？

根据《中华人民共和国土地管理法》第六十二条的规定，农村村民出卖住房后，再次申请宅基地的，不予批准。因为宅基地属于农民集体所有，宅基地使用权的主体是符合宅基地建房申请条件的集体经济组织成员。允许村民申请宅基地，是为了保障村民自身的居住利益，倘若允许村民将宅基地上的房屋出卖而获取经济利益，那么就失去了宅基地所应有的住房保障功能。而且，村民出卖房屋的行为在一定程度上说明他对房屋的需求已经得到了满足，村集体无需再安排宅基地给他，否则，就会侵犯集体的利益。国土资源部 2004 年 1 月印发的《关于加强农村宅基地管理的意见》第二条第二款第（五）项规定：农村村民将原有住宅出卖、出租或赠与他人后，再申请宅基地的，不得批准。

本案中，林某将其拥有的部分农村房屋卖给同村村民乔某，再次申请宅基地，因违反法律的强制性规定，所以，法院作出驳回林某诉讼请求的判决是正确的。

你问我答

问：如何处理“一户多宅”现象？

答：《中华人民共和国土地管理法》第六十二条第一款规定，农村村民一户只能拥有一处宅基地，其宅基地的面积不得超过省、自治区、直辖市规定的标准。所以，一般来说，农村村民一户只能取得一处宅基地。

但是，由于我国以前的法律法规不健全，农村土地制度管理也不严格，有的村民可能就会通过一些违法方式取得多处宅基地。除此之外，我国的法律法规也没有明确规定宅基地不能继承，所以，有的村民也会通过继承获得多处宅基地。这样，就造成了农村村民“一户多宅”的现象。

产生这种现象的原因有很多方面，应当根据具体情况具体分析的原则处理这些问题，而不是采取一刀切的方法来处理。对那些不违反法律法规和国家政策的一户多宅应当予以认可和保护，而对那些通过违法违规的方式取得多处宅基地的则应当坚决地予以收回。

《中华人民共和国土地管理法》第七十七条明确规定，农村村民未经批准或者采取欺骗手段骗取批准，非法占用土地建住宅的，由县级以上人民政府土地行政主管部门责令退还非法占用的土地，限期拆除在非法占用的土地上新建的房屋。第七十八条规定，无权批准征收、使用土地的单位或者个人非法批准占用土地的，超越批准权限非法批准占用土地的，不按照土地利用总体规划确定的用途批准用地的，或者违反法律规定的程序批准占用、征收土地的，其批准文件无效。

2008年《国土资源部关于进一步加快宅基地使用权登记发证工作的通知》明确指出："应当严格落实农村村民一户只能拥有一处宅基地的法律规定。除继承外，农村村民一户申请第二宗宅基地使用权登记的，不予受理"。

问：怎样取得农村宅基地的使用权？

答：取得农村宅基地使用权主要有两种方式：一是通过申请取得；二是通过继受取得。《中华人民共和国土地管理法》第六十二条第三款规定，农村村民住宅用地，经乡（镇）人民政府审核，由县级人民政府批准。

除此之外，我国现行法律法规对农村宅基地的使用期是没有限制的，也可以说，农村宅基地的使用期是"永久性"的。依据我国现行的法律法规，农村宅基地不允许转让，即不允许买卖。但对于宅基地的继承，《中华人民共和国继承法》对此没有作出明确的规定。但在现实生活中，农村宅基地的继承还是比较普遍的，所以通过合法继承获得的宅基地应当受到法律的保护。

问：农村村民出卖、出租住房后，还能再申请宅基地吗？

答：依据《中华人民共和国土地管理法》第六十二条第四款，农村村民出卖、出租住房后，再申请宅基地的，不予批准。所以，农村村民一户只能拥有一处宅基地是原则，不能重复申请，对于出卖、出租住房后的农村村民再申请宅基地的，一般不予批准。如果允许农村村民出卖、出租住房后再申请宅基地，不仅是变相地违反了我国"农村宅基地不允许转让"的规定，还不利于农村土地资源的保护。

我国法律禁止农村村民出卖、出租住房后再申请宅基地。但倘若是由于国家征用或者是自然灾害等原因导致农民的宅基地使用权灭失的，应当允许农民再申请宅基地。《中华人民共和国物权法》第一百五十四条规定，宅基地因自然灾害等原因灭失的，宅基地使用权消灭，对失去宅基地的村民，应当重新分配宅基地。

问：农村村民申请宅基地，是无偿获得吗？

答：在我国农村宅基地使用的历史上，国家政策曾经出现过变化。《国务院批转国家土地管理局关于加强农村宅基地管理工作请示的通知》（国发）［1990］4 号）说明，“1988 年以来，山东省德州地区和全国二百多个县的部分乡、村试行了宅基地有偿使用，取得了明显效果。”《中共中央办公厅、国务院办公厅关于涉及农民负担项目审核处理意见的通知》（中办发［1993］10 号）颁布，取消了农村宅基地有偿使用收费。也就是说，1988—1993 年，农村宅基地有偿使用的试点工作取得了较好的效果，但 1993 年农村政策发生了变化，宅基地有偿使用收费被取消了。所以，我国现行的农村宅基地使用权制度实行的是无偿使用制度，也就是农村村民可以无偿申请宅基地。但是，农村宅基地不允许转让，并且在将农村房屋出租或赠与后不能再申请宅基地，这就保证了农村宅基地的福利性质，同时也对农村村民利用宅基地无偿使用制度进行营利的行为起到了一定的遏制作用。

问：农村村民从一个集体经济组织迁移落户到另一个集体经济组织，是否还能再申请宅基地？

答：农村中的迁移是经常出现的事情，这是因为农业生产在很大程度上受自然条件的制约。通常情况下，农村的迁移是整户或集体迁移并落户于另一个集体经济组织。这种情况下的迁移，在另一个集体经济组织，村民是可以再申请宅基地的。

《中华人民共和国土地管理法》第六十二条第四款规定，“农村村民出卖、出租住房后，再申请宅基地的，不予批准”，但这只是指村民将原来的住房出卖或出租后，在同一村集体内又重新申请宅基地的，不予批准。例如，在甲村把自己的房子卖掉，又重新向甲村提出宅基地申请，依据法律规定不予批准。但是如果迁移并落户到乙村，这就意味着在甲村的宅基地已经灭失了或宅基地被甲村集体经济组织收回，这时已属于乙村而没有宅基地的村民，正好符合法律规定的"一户一宅"的条件，所以可以再行申请宅基地。例如，《河北省农村宅基地管理办法》第七条就规定：外来人口落户，成为本集体经济组织成员，没有宅基地的，可以申请宅基地。

问：如何审批宅基地申请？

答：《国土资源部关于加强农村宅基地管理的意见》（国土资发［2004］234号）规定，在宅基地审批过程中，乡（镇）国土资源管理所要做到"三到场"，即：受理宅基地申请后，要到实地审查申请人是否符合条件、拟用地是否符合规划等；宅基地经依法批准后，要到实地丈量批放宅基地；村民住宅建成后，要到实地检查是否按照批准的面积和要求使用土地。各地一律不得在宅基地审批中向农民收取新增建设用地土地有偿使用费。通过严格的宅基地审批程序和"三到场"的严格要求，保证宅基地审批公正合理。"三到场"是宅基地审批的程序性要求，如果乡（镇）国土资源管理所没有做到"三到场"便驳回了宅基地申请，申请宅基地的村民有权向人民法院提起行政诉讼。

问：申请宅基地的法律程序是什么？

答：国土资源部印发《关于加强农村宅基地管理的意见》的通知（国土资发［2004］234号）第六条规范农村宅基地申请报批程序。农村村民建住宅需要使用宅基地的，应向本集体经济组织提出申请，并在本集体经济组织或村民小组张榜公布。公布期满无异议的，报经乡（镇）审核后，报县（市）审批。经依法批准的宅基地，农村集体经济组织或村民小组应及时将审批结果张榜公布。

各地要规范审批行为，健全公开办事制度，提供优质服务。县（市）、乡（镇）要将宅基地申请条件、申报审批程序、审批工作时限、审批权限等相关规定和年度用地计划向社会公告。

农民要想申请宅基地，必须首先向集体经济组织提出申请。因为在我国，土地所有权是归国家和集体所有的，而农民只有向集体经济组织提出申请才可能获得宅基地使用权。出于公平、公开的原则，农民向集体提出宅基地申请后，集体经济组织应当将申请农民的基本情况张榜公布，这有利于保护农民公平地获得宅基地。公布期满后，如果集体经济组织成员没有任何异议，集体经济组织就要将申请农民的宅基地申请报请乡镇审核，并报县（市）批准，经过县（市）批准的宅基地，农村集体经济组织应当将审批结果及时公布，这是对农民知情权的尊重。之所以这么做，主要是因为国家为了实现土地的合理利用，要对土地进行规划，而农民集体经济组织无法从全局考虑进行土地利用的规划。

问：村民申请宅基地的条件有哪些？

答：根据国土资源部《关于进一步加强农村宅基地管理的意见》（国土资发［2004］234 号），以及综合各地县级以上人民政府关于农村宅基地管理工作的意见，农村村民符合下列条件之一的便可以申请使用宅基地：①居住拥挤，宅基地面积少于规定的限额标准的；②因结婚等原因，确需建新房分户的；③原住宅影响村镇规划需要搬迁的；④经县级以上人民政府批准回原籍落户，农村确无住房的：包括批准回乡定居的职工、离退休干部、复员退伍军人、回乡定居的华侨、港澳台同胞等非农业人口；⑤县级以上人民政府规定的其他条件。

申请宅基地应符合下列程序：①需建住宅的村民向所在的村民委员会提出申请；②村民委员会根据村镇规划，对宅基地申请进行审核，经村民会议或者农村集体经济组织全体成员讨论同意；③经乡（镇）人民政府审查后，报县级人民政府土地行政主管部门审核，由同级人民政府批准。

第三章 宅基地的使用

借地造房是否具有法律效力?

>>经典案例

张家和李家是同镇的两家农户，两家属于姻亲关系。前些年，张家申请了一块宅基地得到批准，由于资金缺乏，便没有急于修建房屋，而是将这块宅基地无偿给了李家造房。李家获得土地后，在支付了相关的土地配套费等费用后，便出资建造了一幢别致的农村别墅，然后全家迁到里面居住。过了几年之后，张家想要收回这块宅基地，却遭到了李家的拒绝，于是张家便将李家告上了法庭。

张家对转让宅基地一事并不否认，但他说：“当初，宅基地是借给李家使用的，有借就要有还”。并且，张家还认为：在申请得到这块建房用地后，他们已不能再申请宅基地，根据法律和政策的相关规定，这块宅基地只能挂上他们的户名，归他们使用，不能转让给李家使用，李家也无法将宅基地转至其名下。所以，张家才是这块宅基地的真正主人，要求李家一家搬离此处，另行申请宅基地。由于房地不可分割，所以对于宅基地上的别墅，张家可以按照房屋的折价款向李家收购。

但李家认为：当初张家是无偿自愿地把这块宅基地给他们使用的，他们并没有侵害张家的物权。由于张家将宅基地让给了他们，他们也就没有再去申请宅基地。所以，宅基地上的别墅是他们唯一的住处。并且在建造这幢农村别墅的过程中，他们一家花费了很大的精力，且背负了很多债务，至今还没有还清余债。况且现在房地产价格飙升，张家此时反悔，要收回宅基地，这不仅会使他们一家无处可住，还会在经济上蒙受巨大的损失。李家认为，地是张家自愿出让的，房是自己花钱盖的，不能搬离。

法院经过审理，驳回了原告要求被告搬离的诉讼请求。

>>律师在线

本案涉及的主要法律问题是：张家把宅基地使用权让给李家去行使，是一种转让行为还是一种借用行为？

对于房屋和宅基地使用权的转让，我们可以找到法律依据，但是对于借用，法律却没有作明确的规定。

为防范农村土地资源流失，我国法律对房屋和宅基地使用权的转让作了严格的限制：

（1）宅基地使用权转让、出租的，不得再申请宅基地。

（2）权利人转让房屋及其宅基地使用权的，应当将房屋及宅基地使用权转让给本集体经济组织内符合建房申请宅基地条件的成员。

（3）转让房屋及宅基地使用权后，宅基地使用权主体发生变化，并涉及受让人取得新的宅基地，故应当依法办理转让登记手续。宅基地以及住宅房屋，不仅可以用于居住，也可以用于从事家庭生产和经营活动。

（4）宅基地使用权的取得具有无偿性，且具有一定的福利性，申请取得宅基地使用权后，满两年未建设房屋的或房屋坍塌、拆除两年以上未恢复使用的，其宅基地使用权由集体经济组织无偿收回。

本案中，张家将申请的宅基地无偿给予李家建房，却没有明确表示是把该宅基地使用权转让给李家，因此不能将它理解为转让行为。换句话说，即使有转让的意思，但没有办理转让登记手续，转让就不能得到法律上的承认，所以也只能将其理解为借用行为。

如果本案宅基地使用权私下授受的行为是非法的，那么法院肯定就会判被告李家搬离。但法院认为：虽然在一定范围内，农村宅基地使用权具有专属性，但原、被告之间属于借地造房的性质，且双方均是完全出于自愿，符合合同的自愿原则。对借地造房，法律没有禁止性规定。本案中，原、被告双方没有约定借地期限，在这种情况下，出借物的权利人可以随时收回出借物，而张家出借的是宅基地使用权，李家投入了大量的精力和金钱在宅基地上形成了不动产。不动产建筑具有使用年限较长的特征，如果张家在较短的时间内收回宅基地使用权，不仅有违公平诚信原则，也还会对被告李家的生活造成很大的影响和侵害。张家可以在李家有充足的时间进行申请建房并建成新的房屋后，再收回宅基地使用权。所以，法院驳回了原告要求被告搬离的诉讼请求。但宅基地上的别墅，由于是李家花钱所建，属于李家的合法财产，张家不能主张权利。如果以后张家收回宅基地使用权时，想要获得房屋所有权，就必须支付给李家必要的费用。

在宅基地上联建房屋的所有权应该归谁所有?

>>经典案例

原告刘某和丈夫王某曾在某县许江镇某村黄泥塘上建起一栋两层土木结构房屋，其家庭成员属于农业户口，刘某的丈夫王某于1989年去世。2002年7月，原告刘某与被告李某分别签订《房屋土地赠与协议书》和《赠与书》，并经该县公证处公证。协议约定：刘某自愿将其坐落于本村黄泥塘上的一半宅基地使用面积115平方米及宅基地上的旧房屋赠与李某，并同意李某在所赠与的房屋土地范围内翻盖房屋。同年7月1日、7月15日，原告刘某分别填写《拆旧建新个人建房申请表》，并得到政府的批准。后来，李某将宅基地上的整栋房屋拆除并筹资建了新房。按照约定，刘某获得三间店面、三套住房，李某占有两间店面、三套住房。但后来刘某与李某就李某所占有的两间店面和三套住房财产权属产生纠纷，诉至法院，请求法院判决两间店面与三套住房的所有权归刘某所有。

被告李某辩称，根据双方签订的《房屋土地赠与协议书》，原告刘某已经将一半的宅基地使用面积及上面的旧房屋赠与自己，并同意自己在所赠与的房屋土地范围内翻盖房屋。拆旧建新后，自己理应获得新房屋的一部分，即两间店面和三套住房，所以原告刘某的主张没有依据，请求法院驳回其诉讼请求。

本案审理过程中，对被告李某占有两间店面和三套住房的处置问题主要有以下三种意见：

（1）原告刘某对宅基地只有使用权，她将宅基地赠与李某的行为违反了《宪法》和《中华人民共和国土地管理法》的有关规定，故认定该赠与协议无效。由于《拆旧建新个人建房中请表》是以刘某的名义申请的，那么该宅基地上的店面和住房所有权应归刘某所有，并由刘某补偿李某的全部经济损失。

（2）农村的宅基地归集体所有，本集体经济组织成员只享有使用权，土地的使用者对该土地的使用权不享有转让、赠与等自由处分的权利，所以，原告刘某与被告李某之间的赠与协议对集体的利益造成了损害，被告李某在原告刘某赠与宅基地上所建店面和住房应收归集体所有。

（3）原告刘某以其享有使用权的宅基地与被告李某投资的行为符合联建合同一方出资，一方出地，房屋建成后，按投资比例分配房屋，双方共同投资，共担风险，共享收益的特征。原告刘某与被告李某所签的协议，名为赠与协议，实则为房屋联建合同。所以被告李某基于联建合同的约定应当获得房产。

法院经过审理认为，本案争议属于房屋联建合同，合同有效，故判决驳回原告诉讼请求。

>>律师在线

本案主要涉及两个方面的法律问题：

1. 本案合同的性质及效力

合同性质及效力是本案件的核心问题，它决定着当事人在合同中约定的权利义务能否受到法律的保护，也决定着当事人的经济目的能否最终实现。所以，在合同纠纷案件中，合同性质及效力通常就成为了案件的主要焦点。

合同性质的确定应该根据合同内容（主要条款），即合同双方当事人所设立权利义务关系进行全面理解和准确判定，而不能仅凭合同名称来定。本案中的《房屋土地赠与协议书》，其主要的内容有：原告刘某自愿将自己一半宅基地使用面积115平方米及宅基地上的旧房屋赠与被告李某；被告李某在原宅基地上所建的新房按照原告刘某享有三间店面、三套住房，被告享有两间店面三套住房进行分配。从双方达成协议的目的来看，原告刘某赠与的目的在于取得三间店面和三套住房的产权，是典型的对价交换关系，属于房屋联建合同。所谓房屋联建合同，是指由一方提供土地使用权，另一方提供资金，合作开发房地产的合同。其主要特征是一方出资，一方出地，房屋建成后，按投资比例分配房屋，双方共同投资，共担风险，共享收益的协议。

农村的宅基地归集体所有，本集体经济组织成员只享有使用权，宅基地的使用者对该宅基地的使用权不享有转让、赠与等自由处分权。本案中涉及的《房屋土地赠与协议书》属于联建合同。原告刘某以其享有的宅基地使用权出资并没有违反有关法律法规的强制性规定，她与被告李某之间的联建合同是在双方均出于自愿的情况下签订的，根据联建合同的约定，原告刘某以其享有的宅基地使用权出资，并按照约定获得三间店面和三套住房的收益，被告李某按照约定获得两间店面和三套住房的产权。所以，该联建合同具有法律效力。

2. 联建房屋的所有权归属

本案中，原告刘某在签订联建合同之前拥有的只是一块宅基地，合同履行之后已经在宅基地上建好房屋，并且房屋的价值远远要大于宅基地的价值。因此，基于联建合同的约定，被告李某理应取得相应的房产。

宅基地共有人之一私自处分宅基地合法吗?

>>经典案例

1983年年初，某村村民唐某以“一户三人”名义申请了宅基地建房，当时的家庭成员有唐某、妻子张某、大儿子唐甲。1984年12月，小儿子唐乙出生。2005年，唐某和妻子张某相继去世，留下一套旧宅。2008年，唐乙因为结婚问题便另行申请了一块宅基地建房，2009年唐甲结婚并育有一子，也想申请一块宅基地建房，但考虑到父母留下的老宅子年久失修，且占地面积较大，便向村委会申请拆掉父母留下的旧宅子修建新房。村委会考虑到唐甲分户的实际情况，便同意唐甲在父母留下的宅基地上修建新房。2010年，唐甲准备拆掉旧宅子修建新房时，却遭到了弟弟唐乙的强烈反对。唐乙认为父母留下的旧宅子及宅基地是留给兄弟两人的，且有遗嘱为证，哥哥唐甲无权私自占用宅基地建房。两人争执不下，弟弟唐乙便以侵犯自己宅基地使用权为由将哥哥唐甲告上法庭。

>>律师在线

本案涉及的法律问题主要是：对于兄弟共有的旧宅子及宅基地，共有人一方能否独占使用?

根据《中华人民共和国继承法》的规定，作为合法的继承人，唐甲和唐乙兄弟两人有权继承父母留下的旧宅子。但问题是：兄弟两人可以继承父母留下的宅基地使用权吗?

宅基地使用权是一项特殊的用益物权，与个人的农村集体经济组织成员资格紧密相关，因出生而获得（但并不一定实际享有），因死亡而消灭。

宅基地使用权是家庭共有的，而不属于被继承人的个人财产，所以不能作为遗产继承。共同共有以共同关系的存在为前提，因共同关系的产生而产生，因共同关系的消灭而消灭。在共同关系存在期间，各共有人之间不产生份额问题，对共有财产的全部享有平等的权利，承担平等的义务，不得请求分割共有物。宅基地使用权是家庭共同共有财产，与家庭关系密切相关。宅基地使用权的共同共有关系因家庭关系的存在而存在。但家庭个别成员的死亡，并不会影响家庭关系的存在，那么也就不会产生宅基地使用权的分割问题，换句话讲，宅基地使用权并不是其个人财产；“被继承人”死亡后，仍然是家庭共同共有财产而不是“被继承人”的个人财产。在本案中，虽然唐某和妻子张某已经去世，但当时申请宅基地是以“一户三人”的名义申请的，该户中家庭成员大儿子唐甲依然健在，所以宅基地不存在继承问题，只有宅子的继承问题。因为宅子是唐甲和唐乙共有的，所以要想拆除旧宅子，就必须经过兄弟两人的同意。

因此，唐甲无权独自拆掉属于他们兄弟共有的父母遗留的房子，也无法继承该房子占有范围内的宅基地。由于宅基地使用权并没有发生继承问题，即使当时申请宅基地的户的成员全部死亡也不会发生继承问题。根据《中华人民共和国土地管理法》第六十二条规定，农村村民一户只能拥有一处宅基地，其宅基地的面积不得超过省、自治区、直辖市规定的标准。如果户消亡了，那么宅基地使用权应该由集体经济组织收回，而不可能发生继承问题。除此之外，2008 年，唐乙因结婚分户另行申请了一块宅基地建房，所以按照一户只能拥有一处宅基地的法律规定，他不能再占有宅基地建房。

本案中，如果唐乙没有分户，仍与哥哥唐甲住在父母遗留的旧宅子里，那么唐甲就要经过弟弟唐乙的同意才能拆旧建新。

根据法律规定，数人对同一块宅基地共同享有使用权时，使用宅基地时，应征得共同享有使用权的全体人的同意。如果一方未经全体共同使用人同意而擅自占用该宅基地，就会侵犯其他共同使用人的利益，在调解时，应依法保护其他共同使用人的利益，说服擅自占用者，按照全体共同使用人协商一致的意见办事。

如果不服人民政府宅基地使用处理决定怎么办？

>>经典案例

杨某与夏某是某村的村民。1985 年，夏某结婚，并于 1986 年与父母、兄弟分家。因为没有住宅，夏某便在 1989 年 3 月申请建房，经村组同意，按照规划批建在该村一排 5 号位置上。镇政府审查之后，于 1989 年 3 月 21 日给夏某颁发了“源准建字 2949 号”准建证。该位置属于原分给杨某场地的一部分，1985 年村镇规划时被规划为宅基地。其他村民按规划陆续在其周围建起了房屋。经现场勘验，该位置属于空闲宅基地。杨某家有六口人，有一处宅基地，也申请建房，经村组同意，按照规划批建在该村三排 3 号的位置上，镇政府审查后，于 1991 年 5 月 14 日给杨某颁发了“源准建字 5007 号”准建证。

1989 年 3 月底，夏某准备建房时，杨某却以此宅基地应由其优先使用为由进行阻拦。1991 年 5 月，杨某取得“源准建字 5007 号”准建证后仍阻止夏某建房，经村组及镇政府多次调解也始终未能解决。1997 年 10 月 6 日，夏某由于一直不能建房，便向某镇人民政府提交申请，要求处理。某镇人民政府查明事实后，根据《中华人民共和国土地管理法》第十三条、第三十八条，作出了以下处理决定：夏某符合申请宅基地建房条件，应按“源准建字 2949 号”准建证指定位置建房，任何人不得干涉，杨某应按“源准建字 5007 号”准建证指定的位置建房。

杨某不服，于 1998 年 4 月 18 日将某镇人民政府告上法庭。

原告杨某诉称：夏某原拥有一处住宅，四间房屋，不符合申请宅基地建房条件，准建证是他骗取的，有经办人张某和李某的证言证实。被告某镇人民政府批给夏某建房的位置不属集体空闲地，而是原告杨某的场地，原告杨某在这块地上种有树，虽然被规划成了宅基地，但原告杨某应该优先使用。所以，被告某镇人民政府所作的处理决定认定事实错误，证据不足，请求依法撤销或变更，并要求被告某镇人民政府收回夏某的“源准建字 2949 号”准建证。

县人民法院经过审理认为，被告某镇人民政府根据《中华人民共和国土地管理法》第十三条、第三十八条，作出的处理决定事实清楚，证据充分，适用法律正确，程序合法。根据《中华人民共和国行政诉讼法》第五十四条第（一）项规定，于 1998 年 6 月 3 日作出如下判决：维持被告某镇人民政府 1998 年 1 月 25 日作出的《关于夏某、杨某宅基地纠纷的处理决定》。

杨某不服一审判决，提起上诉。二审法院经审理认为，夏某符合申请宅基地建房条件，程序合法，建房位置属于村内空闲地。虽然杨某申请在前，但村里报镇里审批时间在夏某之后，镇里批准杨某在其他位置建房也并无不当之处。杨某在取得准建证后仍干涉夏某建房的行为是错误的。杨某的诉讼请求理由不充分，证据不足，一审法院判决维持某镇人民政府 1998 年 1 月 25 日作出的《关于夏某、杨某宅基地纠纷的处理决定》是正确的。根据《中华人民共和国行政诉讼法》

第六十一条第（一）项规定，二审法院于1998年9月20日作出如下终审判决：驳回上诉，维持原判。二审诉讼费70元由上诉人杨某负担。

>>律师在线

本案涉及的问题主要是：某镇人民政府批给夏某建房位置是否为空闲宅基地？

本案中，村组批给夏某该村一排5号的位置，虽然属于原告杨某原来场地的一部分，但已于1985年村镇规划时被规划为宅基地，标号是一排5号。所以，原告杨某已丧失对该场地的占有权，被告某镇人民政府可以将其批给符合申请建房条件的人使用。所以，被告某镇人民政府于1989年针对一排5号宅地颁发准建证，并无不当之处。根据有关规定，对宅基地原权属所有者，在同等条件下，有优先使用的权利。但在本案中，虽然这块地是原告杨某原来场地的一部分，并且现在还长有他栽种的成材树木，原告杨某先于夏某向村委申请建房，但村里报镇里审批时间却在夏某申请之后，因此镇里批准原告杨某在其他位置建房并无不当。原告杨某取得准建证后仍干涉夏某建房是错误的，某镇人民政府作出的《处理决定》事实清楚，证据确凿，程序合法。所以，一审维持《处理决定》，二审维持原判，是正确的。

宅基地纠纷，法院能直接受理吗?

>>经典案例一

杨甲和杨乙是大柳树村村民，该村某院内有东房三间、北房五间、西房三间、厨房一间、锅炉房一间，杨甲和杨乙现居住在该院。该院原由张老汉居住。1965 年，张老汉从这里搬出。随后，杨甲和杨乙搬到此院居住。现在，张老汉已经去世，张老汉的儿媳妇刘某为维护其宅基地使用权，于 2007 年 11 月诉至法院，请求法院依法予以判决。

原告刘某诉称：该院内原有北房三间、西房两间，是张老汉于 1920 年分家时分得，张老汉一家一直在该院居住生活，直至 1965 年搬出。2007 年 5 月，发现杨甲和杨乙将其原有房屋拆除，并在该地另建新房，故诉至法院，要求杨甲和杨乙拆除所建房屋，返还该处宅基地。

被告杨甲和杨乙辩称：张老汉于 1965 年从大柳树村迁出，房屋已经由生产队划归他们所有，所以，他们也就应该享有相应的宅基地使用权。他们是在自己的宅基地上建房，拆除的不是原告房屋，更没有占用原告宅基地。

法院经过审理，根据 2007 年 10 月 1 日正式施行的《中华人民共和国物权法》第一百五十三条和《中华人民共和国土地管理法》第十六条第一款规定，判决驳回原告的诉讼请求。

>>律师在线

《中华人民共和国物权法》第一百五十三条，宅基地使用权的取得、行使和转让，适用土地管理法等法律和国家有关规定。

《中华人民共和国土地管理法》第十六条第一款，土地所有权和使用权争议，由当事人协商解决；协商不成的，由人民政府处理；第十六条第三款，规定当事人对有关人民政府的处理决定不服的，可以自接到处理决定通知之日起 30 日内，向人民法院起诉。

《中华人民共和国民事诉讼法》第一百零八条，起诉必须符合下列条件：

（一）原告是与本案有直接利害关系的公民、法人和其他组织；

（二）有明确的被告；

（三）有具体的诉讼请求和事实、理由；

（四）属于人民法院受理民事诉讼的范围和受诉人民法院管辖。

在我国，土地并非是由公民所有的。我国的土地所有权可以分为国家土地所有权和集体土地所有权两大类。国家土地所有权是由各级地方政府作为国家的代表来行使的，政府兼具国家土地所有权的代表者和土地行政管理者的双重身份，而集体土地所有权是由集体来行使的，广大农民享有的只是集体土地的使用权。考虑到农民的住房和居住需要，《中华人民共和国物权法》用益物权类型中特新设“宅基地使用权”这一新型用益物权。

宅基地是指农村的农户或个人用作住宅基地而占有、利用本集体所有的土地。宅基地使用权指的是农村集体经济组织的成员依法享有的在农民集体所有的土地上建造个人住宅的权利。根据《中华人民共和国物权法》的规定，宅基地使用权人依法对集体所有的土地享有占有和使用的权利，有权利用该土地建造住宅及其附属设施。

根据《中华人民共和国物权法》规定，宅基地使用权的取得、行使和转让，适用《中华人民共和国土地管理法》等法律和国家有关规定。又根据《中华人民共和国土地管理法》第十六条规定，土地使用权纠纷要先由当事人协商。宅基地纠纷是土地使用权纠纷的一种，那么自然需要当事人事先协商，协商不成的，由当地人民政府处理，如果对当地人民政府处理决定不服的，在接到处理决定通知之日起 30 日内，可以向有管辖权的人民法院起诉。

本案中，张老汉的儿媳妇刘某为维护其宅基地使用权，向法院提起上诉。但是，她并没有事先和杨甲与杨乙协商，也没有在协商不成的情况下，提出当地政府处理的请求，而是直接向法院提出诉讼。在这种情况下，法院不能直接受理刘某的诉讼，所以判决驳回其诉讼请求。

>>经典案例二

雷某与陈某均是某县某村的村民，两家的宅基地南北相邻，均坐北朝南，雷某的宅基地在南，陈某的宅基地在北。1989 年 9 月 30 日，雷某取得宅基地使用证，宅基地使用证上记载的使用面积为二分六厘九毫，四至记载宅基北至本人立石。1985 年 8 月 7 日，陈某取得宅基地使用证，宅基地使用证上记载面积为三分七厘七毫，四至记载宅基南至原告立石。2000 年 6 月，雷某翻建上房时，陈某发现雷某的后檐水侵入自己家的宅基地上，雨水流到了自己的厦房上，于是陈某阻止雷某建檐水。双方争执不下，雷某诉至县人民法院。

原告雷某诉称：被告陈某侵占其 50 公分宽的水路，要求被告陈某退出，并赔偿损失。

被告陈某辩称：原告雷某在其宅基地建房时就没有留后檐水，翻盖新房时留有檐水，其檐水流入自己家的厦房，侵犯了自己的宅基使用权。

县人民法院经现场勘查证实，原、被告双方的房屋在取得宅基地使用证后，均进行过翻建，翻建后四至界石均已不存在；原告雷某宅基实占面积为二分八厘三毫，超出宅基地使用证的记载面积，被告陈某宅基实占面积为三分六厘九毫，少于宅基地使用证记载的面积；原告雷某家的上房后檐水正好落入被告陈某家的西厦房上。

县人民法院经审理认为：原、被告双方虽均已取得有宅基地使用证，但界石在翻建房屋时灭失，四至不清。原告雷某的宅基使用证记载面积与实占面积不符，宅基权属不清。根据《中华人民共和国土地管理法》第十六条第一款的规定，该宅基纠纷的主管部门应为人民政府，而不是人民法院，对原告的起诉予以驳回。经向原告说明此理，原告即申请撤回起诉。该院经审查认为其撤诉申请符合法律规定，依照《中华人民共和国民事诉讼法》第一百三十一条的规定，于 2000 年 8 月 16 日判决：准许原告撤回起诉。

>>律师在线

本案涉及的问题主要是：宅基地纠纷，人民法院能直接受理吗?

农村宅基地使用权的权属纠纷，属于土地所有权和使用权纠纷，不属于人民法院管辖，应当由人民政府处理。

《中华人民共和国土地管理法》第十六条规定："土地所有权和使用权争议，由当事人协商解决；协商不成的，由人民政府处理。单位之间的争议，由县级以上人民政府处理；个人之间、个人与单位之间的争议，由乡级人民政府或者县级以上人民政府处理。当事人对有关人民政府的处理决定不服的，可以自接到处理决定通知之日起三十日内，向人民法院起诉。"所以，农村宅基地使用权权属争议，属于人民政府管辖的事项，宅基地使用权的确权职责由政府部门行使，法院在人民政府处理决定前无权直接受理宅基地使用权纠纷。

宅基地使用权是否及于地下？

>>经典案例

王某和刘某均是某村的村民，两家的宅基地相邻，所建的宅院也南北相邻。刘某见自己原来所居住的房屋年久失修，便打算拆旧建新。在过去的几年里，这里曾经发过洪水，所以刘某决定将房屋的地基打深一些。2002 年 7 月，刘某在建房时将新建房屋的根基 20 厘米建到了王某的宅基上。王某发现后，以此为由向法院起诉，要求刘某停止侵权，恢复王某对该宅基地的使用权。

原告王某诉称：我和刘某的宅基地房屋南北相邻，2002 年 7 月份刘某在拆旧建新时，将地基的屯下部分 20 厘米处建在了我家的宅基地上。我认为刘某侵害了我的宅基地使用权，请求法院判决刘某停止侵权，撤除其已经建好的地基。

被告刘某辩称：由于该地地势较低，饱受洪涝之苦。如果不把地基打深一些，很容易被洪水冲垮。我建房的根基在地下 20 厘米处，并没有干涉原告王某对该宅基地表面的正常使用，所以我并没有造成侵权。请求法院驳回王某的诉讼请求。

法院经过审理认为，宅基地使用权应该及于地下，根据《中华人民共和国土地管理法》第十三条及《中华人民共和国物权法》第八十四条、第八十八条，判决被告刘某拆除其建在原告王某宅基地地下 20 厘米处的地基，恢复原状。

>>律师在线

《中华人民共和国土地管理法》第十三条，依法登记的土地的所有权和使用权受法律保护，任何单位和个人不得侵犯。

《中华人民共和国物权法》第八十四条，不动产的相邻权利人应当按照有利生产、方便生活、团结互助、公平合理的原则，正确处理相邻关系。

《中华人民共和国物权法》第八十八条，不动产权利人因建造、修缮建筑物以及铺设电线、电缆、水管、暖气和燃气管线等必须利用相邻土地、建筑物的，该土地、建筑物的权利人应当提供必要的便利。

本案涉及的问题主要是：宅基地使用权范围是否及于地下？

依据《中华人民共和国土地管理法》规定，依法登记的土地所有权和使用权受法律保护，任何单位和个人不得侵犯；公民的宅基地使用权受法律保护。宅基地使用权是指自然人在依法取得国家或集体的宅基地上所享有的建造房屋、居住使用的权利，宅基地包括建筑物的基地以及附属于建筑物的空白基地，一般是指自然辅助用房、庭院和历年来不用于耕种的生活用地以及生活用房中的生产场地。

根据以上法律规定，法院认为，宅基地使用权的范围不仅及于地表而且及于地下。这主要基于以下两点考虑：

（1）根据宅基地使用权的本质特征来分析，宅基地使用权应及于地下。宅基地使用权的主体主要是指我国自然人个人，居住在集体经济组织的自然人对于经审核批准的宅基地有长期使用的权利。自然人有权在宅基地上建造房屋及其他建筑物，有权种植竹木。那么，权利人在宅基地上建造房屋及其他建筑物、种植竹木等权利的行使有赖于地下，如建房挖根基、种植竹木挖树坑等。如果宅基地使用权仅限于地表，那么宅基地使用权也将无法实现。

（2）从相邻关系的法律特征来分析，宅基地的使用权也应及于地下。相邻关系是指两个以上相互毗邻的不动产所有人或占有、使用人，在行使不动产的占有、使用、收益和处分权时，相互之间应当给予便利或者接受限制而发生的权利义务关系。相邻各方对其所有或经营使用的土地包括宅基地等自然资源，必须正当合理地使用，不得滥用权力损害他方的利益。相邻一方在宅基地上建造房屋超越地界，被越界的土地使用权人在行使宅基地使用权时就有可能会因越界者的行为而受到限制，这时被越界的土地使用权人就有权要求越界建筑人拆除越界部分的建筑。这里的地界，显然不只是包括地表还包括地下。作为相邻双方应本着互谅互让的原则，协商解决土地相邻关系。如果被越界的土地使用权人在知道其越界的情况下而没有及时提出异议的，那么被越界的土地使用权人就应该本着互谅互让的原则予以忍让，越界建筑人应给予被越界的土地使用权人事实上的经济补偿，若造成了损害，则应予以相应的赔偿，但前提是被越界土地使用权人的宅基地使用权（包括地下）不能因以上行为而受到侵害，否则权利人可要求停止侵害，排除妨碍。

另外，根据《中华人民共和国物权法》第八十八条规定，不动产权利人因建造、修缮建筑物以及铺设电线、电缆、水管、暖气和燃气管线等必须利用相邻土地、建筑物的，该土地、建筑物的权利人应当提供必要的便利。

在本案中，被告刘某以该地洪涝灾害严重为抗辩理由，法院不予以支持。加深地基可以改变方向，并不一定要在原告王某的宅基地上，这在技术上是完全可以实现的。所以，法院对原告王某基于宅基地使用权延伸于地下而提出的请求被告刘某拆除建在自己宅基地地下的 20 厘米根基的诉讼予以支持是正确的。

在他人宅基地上建设房屋，能否造成侵权?

>>经典案例一

魏某和梁某均为某村的村民。1995 年，两人分别向村集体组织申请了一块宅基地，这两块宅基地相邻，且面积均为 130 平方米，购地价都是人民币 15 万元。1997 年 2 月 12 日，魏某和梁某又分别取得县土地管理局颁发的集体土地建设用地使用证。1997 年 5 月 6 日，魏某和梁某签订了一份《宅基调换位置协议书》，该协议书内容为："为了方便开展业务，双方本着互让、互助的原则，甲、乙双方经过友好协商，现双方决定对换调整宅基位置，双方所持的土地使用证中的尺寸不变"。但是，双方签订这份调换协议后，并没有去县土地管理局办理土地使用权变更登记手续。

2002 年 9 月 18 日，梁某在与魏某调换位置的宅基地上建起了一幢建筑面积为 576 平方米的楼房。2003 年 4 月 27 日，魏某向县人民法院提起宅基地侵权纠纷诉讼，请求法院判令梁某排除妨碍，退出被侵占的 130 平方米的土地，恢复原状。在庭审中，原告魏某改变诉讼请求，要求被告梁某赔偿购地款人民币 15 万元及利息。

县人民法院经审理认为，原、被告双方用于交换的宅基地，双方都取得了县土地管理局颁发的集体建设用地使用证，双方都依法享有宅基地使用权。原、被告双方通过协商同意将各自合法拥有的宅基地互换，属于原、被告双方自行处分其民事权利的行为。但是，原、被告双方应该按照《中华人民共和国土地管理法》的有关规定，向土地管理部门办理土地权属变更手续。被告梁某在没有合法取得原告所有的宅基地使用权的情况下，便擅自在原告魏某合法拥有的宅基地上建造楼房，对原告魏某的宅基地使用权造成了侵害，原告魏某请求被告梁某赔偿购地款人民币15万元的请求合理，应予支持。

所以，县人民法院依法作出以下判决：被告梁某在本判决发生法律效力之日起15日内，赔偿给原告魏某购地款人民币15万元及利息8 248.5元。

>>律师在线

这是一宗比较典型的宅基地侵权纠纷案件。也就是说，在这个案件当中，被告梁某非法占用原告魏某合法拥有的集体建设用地，未经履行、办理一系列审批、报建手续，就擅自在他人合法拥有、使用的宅基地上建造房屋，这种行为是对他人正当权益的不法侵害，应承担侵权的民事责任，因此，县人民法院作出的判决是正确的。

(1) 在本案中，原、被告双方均取得了合法的集体土地建设用地使用证，依法受国家法律保护。《中华人民共和国土地管理法》第十二条规定："依法改变土地权属和用途的，应当办理土地变更登记手续"。根据这项规定，虽然原、被告双方当事人已经签订了《宅基调换位置协议书》，但这属于双方当事人的私下行为，在没有得到县土地管理局同意批准原、被告双方互换宅基地位置，核发新的集体土地建设用地使用证给双方当事人的情况下，任何一方都无权使用对方合法拥有的宅基地，因此，梁某擅自在魏某的宅基地上修建楼房，不仅违反了国家强制性的土地管理法规，还侵害了魏某合法的宅基地使用权。

(2) 本案中，原、被告双方当事人合法取得的集体土地建设用地，受法律保护，其权利是法定的，也就是说，用地权人、土地面积、朝向、用途、坐标方位等都是特定的，当事人不得自行改变。所以，原告魏某和被告梁某于1997年5月6日签订的《宅基调换位置协议书》，实质上是一种转让行为，是为禁止性的行政法规所不允许的。《中华人民共和国土地管理法》第十二条明确规定："依法改变土地权属和用途的，应当办理土地变更登记手续"。《中华人民共和国合同法》第四十四条第二款也明确规定："法律、行政法规规定应当办理批准、登记等手续生效的，依照其规定"。本案的双方当事人私下签订的换地协议，虽然是出于双方当事人自愿的，但他们并未按照上述行政法规、法律的强制性要求，办理相关的变更登记，因此，被告梁某擅自在原告魏某的宅基地上建造楼房，不只是一种侵害国家对土地资源实施行政管理活动的违法行为，同时也是剥夺原告魏某使用其宅基地合法权利的损害侵权行为，一审法院判令其承担侵权的民事责任是正确的。

（3）本案原告魏某在起诉被告梁某时，其诉讼请求是"判令被告排除妨碍，退出被侵占的130平方米土地，恢复原状"。在庭审过程中，魏某又变更诉讼请求为赔偿其购地款人民币15万元及利息。由于被告梁某已在魏某合法拥有的宅基地上建造了楼房，原告魏某要求"恢复原状、返还财产"的诉讼请求，如果予以支持，就将会令被告梁某把盖在原告魏某宅基地上面积为576平方米的楼房拆除。法院出于综合考虑，最终选择了"两害相权取其轻"的裁判原则，作出上述判决无疑是正确稳妥的。

>>经典案例二

张某和赵某同是某村的村民，两家比邻而居。1988年，张某夫妇进城打工，临走时将自家的房屋和院子托付给赵某照管。张某夫妇进城后，赵某便将张某家的房屋修缮一新，并占用了张某家的房屋和院子。1994年，赵某在张某家的院子里又盖了两间新房屋。2008年，张某夫妇因金融危机返回村中，让赵某腾退房屋，赵某将张某的原有房屋腾退后，张某要求赵某归还新盖的两间房屋。张某认为，房屋虽然是赵某出资所盖，但宅基地仍属于自己，所以房屋也应该归自己所有，并主张赵某长期居住使用这两间房而未交过任何费用，要求以这两间房屋折抵租金。在遭到赵某的拒绝后，张某诉至法院。

被告赵某辩称：房屋是他出资建造的，所有权应归自己所有，请求法院判令驳回张某的诉讼请求。

法院依法审理后，判决房屋归张某所有，张某补偿赵某建房全部费用 16 000 元。

>>律师在线

本案涉及的法律问题主要是：房屋所有权与宅基地使用权的关系。

根据我国土地及房地产法的相关规定，“房随地走”是房地关系的基本原则，宅基地使用权与房屋所有权是不可分离的，只能为一人所有。

在本案中，原告张某进城打工，虽然将自己的宅基地及房屋委托给被告赵某照管，但并未丧失宅基地使用权。被告赵某在没有征得原告张某同意的情况下，擅自在原告张某的宅基地院子里建造房屋，如果被告赵某享有房屋所有权，那么被告赵某就可能不经依法申请审批就获得宅基地使用权，这对原告张某的宅基地使用权造成了侵害。所以，原告张某返回原籍后，主张房屋归自己所有，具有法律依据，法院对此予以支持是正确的。

同时，根据《中华人民共和国民法通则》第一百一十七条关于物的添附的法律规定，两个以上的物因混合而使得原物产生了新的价值，使得原物的价值因添附而增加，而原物所有人并不因此而当然取得新增部分价值，原物所有人必须以适当形式返还相应的利益，以保持当事人利益的一种平衡。所以，本案中原告张某在取得被告赵某在其宅基地上新建的两间房屋所有权的同时，必须给付被告赵某相应的价款。所以，法院判决原告张某在取得两间房屋所有权的同时，支付被告赵某建房全部费用 16 000 元是正确的。

失业职工回到家乡，能否利用宅基地建房？

>>经典案例

张某是某县宁远乡某村的村民，因为工作需要，他于 1996 年将原本的农村户口迁至工作单位，继而转变为城镇户口。2004 年，张某因所在的单位某企业倒闭而下岗。之后，张某又在外闯荡了多年，但他发现自己到处打工挣的钱也只够养活自己的，于是张某决定返回原籍盖房重新立业成家。回到故乡后，张某向村委会提出宅基地申请，但村委员却因为他是城镇户口而不予批准。张某认为自己原本就是这个村里的人，村委会没有理由不批准其申请，遂与村委会引发纠纷，张某将村委会告上了法庭，请求判令村委会批准自己的宅基地申请。

法院经过审理，判决驳回了原告张某的诉讼请求。

>>律师在线

本案涉及的问题主要是：失业职工张某能否在老家利用宅基地建房？

根据《中华人民共和国土地管理法》的相关规定，宅基地属于集体建设用地，宅基地的所有权属于村集体经济组织，也只能供集体经济组织的成员使用。作为非集体经济组织的一员，张某要想申请宅基地必须符合相关条件，对于申请宅基地的条件，法律没有作出明确规定，结合各省市的规定，具备以下条件之一的，可以申请宅基地：

（1）具有本村户籍且无宅基地的村民户。

（2）外来人口落户，成为本集体经济组织成员且承担村民义务，需要建住宅而无宅基地的。

（3）农村村民户，其成年子女确需另立门户而已有的宅基地低于分户标准的。

（4）因发生或防御自然灾害、实施村镇规划以及进行乡村公共设施和公益事业建设，必须调整搬迁的。

（5）原宅基地影响村镇建设规划，需要收回而无宅基地的。

（6）出租、出卖或以其他形式非法转让宅基地及其地上建筑物或将住宅改作他用的。

在本案中，原告张某的户口是城镇户口，因此，他不符合申请宅基地建房的条件。城镇居民因为可以享受城市的各种社会保障，所以不能在农村申请宅基地。如果张某想要得到批准，就必须先将自己的户口由城镇迁回至本村，再转变为农业户口。另外，即使是农村村民也不能随意占用土地建房，除了要符合相关条件外，还应该履行宅基地使用的审批程序。

1. 农村村民申请宅基地的条件

农村村民符合下列条件之一的，可以申请使用宅基地：

（1）因结婚等原因，确需建房分户，原宅基地面积低于分户标准的。

（2）因自然灾害或者实施村镇规划需要搬迁的。

（3）经县级以上人民政府批准回原籍落户，没有住宅需要新建住宅的。

（4）原有宅基地被依法征用的。

（5）县级以上政府规定的其他条件。

2. 农村宅基地申请报批程序及申报材料

农村村民建住宅需要使用宅基地的，具体申请报批程序如下：

（1）符合条件的村民提出用地申请。

（2）村民小组、村民委员会讨论通过，并有80%以上社员签字同意。

（3）国土房管所派员现场选址勘察。

（4）申请人提交相关申报材料。

（5）张榜公布。

（6）乡镇人民政府审核。

（7）国土房管所补审后上报县国土房管局审核。

（8）上报县人民政府批准。

（9）审批结果张榜公布。

（10）下发建设用地批准证书。

（11）国土房管所会同有关部门、工作人员放线定界。

（12）国土房管所工作人员复核验收。

你问我答

问：在宅基地上建住宅需要注意哪些问题？

答：农村村民建住宅，应当符合乡（镇）土地利用总体规划，并尽量使用原有的宅基地和村内空闲地。

农村村民住宅用地，经乡（镇）人民政府审核，由县级人民政府批准；其中，涉及占用农用地的，依法应办理审批手续。

问：农村村民能将宅基地上修建的住房出卖、出租或者赠与他人吗？

答：农村村民可以将宅基地上修建的住房出卖、出租或者赠与他人。但出卖、出租、赠与他人后，不能再申请宅基地；提出申请的，不予批准。

已经登记的宅基地使用权转让的，应当及时办理变更登记。

问：对于农村村民非法占用土地建住宅，该怎样处理？

答：农村村民未经批准或者采取欺骗手段骗取批准，非法占用土地建住宅的，由县级以上人民政府土地行政主管部门责令退还非法占用的土地，限期拆除在非法占用的土地上新建的房屋。超过省、自治区、直辖市规定的标准，多占的土地以非法占用土地论处。

问：农村宅基地使用权是否有期限限制？

答：我国关于住房的土地使用期限，农村和城镇有所不同。

城镇土地所有权属于国家，老百姓只有使用权。老百姓的住宅，是在利用国家的土地，而国家则对这种使用权给出了一定的使用期限。在城镇，住宅建设用地使用权期限为70年。70年后该如何处理一直是老百姓关注的问题。根据《中华人民共和国物权法》第一百四十九条第一款的规定，住宅建设用地使用权期间届满的，自动续期。而对于非住宅建设用地的续期，该条第二款规定，非住宅建设用地使用权期间届满后的续期，依照法律规定办理。该土地上的房屋及其他不动产的归属，有约定的，按照约定；没有约定或者约定不明确的，依照法律、行政法规的规定办理。

而农村宅基地则没有使用期限这一说法，国家也没有对此作过具体的期限限制，也就是说，宅基地的使用权是没有期限限制的，农民可以长期使用。之所以会这样，主要是因为农村宅基地所有权归集体所有，即这个地是一个个村的，村里的房子都是盖在自己的土地上的，不需要设定“使用期限”，《中华人民共和国土地管理法》也没有规定“宅基地使用期限”。

问：能在取得的耕地上建窑、建坟、建房、挖砂、采石、采矿、取土吗？

答：《中华人民共和国土地管理法》第三十六条第二款规定：“禁止占用耕地建窑、建坟或者擅自在耕地上建房、挖砂、采石、采矿、取土等”。据此可知，在任何情况下都不能用取得的耕地建窑、建坟；而对于在耕地上建房、挖砂、采石、采矿、取土等行为，只有在获得相关部门的许可后才能进行。

违反上述规定，占用耕地建窑、建坟或者擅自在耕地上建房、挖砂、采石、采矿、取土等，破坏种植条件的，或者因开发土地造成土地荒漠化、盐渍化的，根据《中华人民共和国土地管理法》第七十四条的规定，可由县级以上人民政府土地行政主管部门责令限期改正或者治理，可以并处罚款；构成犯罪的，依法追究刑事责任。

问：农民能否私自建房？

答：《中华人民共和国土地管理法》第七十七条规定，城市郊区和农村的农民如果需要宅基地建房，首先应当按照乡（镇）村建设规划统一安排，在此基础上，村民还应依法经过申请，申请批准后，才能获得所申请的宅基地使用权。

不经申请批准私自建房的行为是违法的，县级以上人民政府土地行政主管部门有权责令退还非法占用的土地，限期拆除在非法占用的土地上新建的房屋。

问：批来的宅基地能够空闲不用吗？

答：根据《确定土地所有权和使用权的若干规定》第五十二条有关规定，空闲或房屋坍塌、拆除二年以上未恢复使用的宅基地，由集体经济组织报经县级人民政府批准，注销其土地登记，收回土地。

问：农民在宅基地上自建房屋是否需要缴纳房产税？

答：农村村民自盖的房屋属于农村房屋，不在征税范围之内，农民对此不用缴纳房产税。税务部门对农村房屋征收房产税，属于违反法律法规规定擅自开征的行为。

问：宅基地空闲处能否用来修建花园?

答：宅基地使用权人在主要住宅建筑外，可自行在宅基地范围内建设其他生产或生活需要的建筑和设施。

问：宅基地能否用来从事工商业活动?

答：农村村民的宅基地使用权主要以居住为目的，不得移作耕地使用或者作为工商业活动用地使用。

但如果村民只是利用房前屋后的空闲宅基地种植庄稼，或从事家庭手工业活动，开办小商店等，则只要仍是以居住为目的，住宅院内的农业、手工业、商业仅具有次要、辅助性质，还是可以被允许的。

问：共同使用的宅基地，是否允许单方建房?

答：依据我国有关法律规定，共同使用的宅基地，未经其他共有人的同意，一方已经在其上建造了房屋，如果建房时其他共有人明知而未提出异议，则视为其他共有人放弃自己享有的宅基地共同使用权。房屋建成后再主张该宅基地共同使用权的，不予支持，由建房人继续使用。

问：怎样处理对宅基地地界发生的争议?

答：根据《确定土地所有权和使用权的若干规定》第五十六条规定，村民之间因宅基地的使用发生争议，如果土地证上注有明确的四至，而长、宽面积与四至不一致的，除四至标志被移动外，应以四至标志为准。

如果一方土地证与实际面积相一致，而另一方的土地证与实际面积不一致或者没有土地证的，应当按土地证与实际面积相一致的一方的土地证为准。

问：离婚后，女方还能否使用宅基地?

答：宅基地是以户为单位划分的，离婚后夫妻双方对宅基地都有继续使用的权利，任何一方阻止另一方使用宅基地建房都是违反法律规定的。

鉴于夫妻双方已经离婚，双方可以在基层组织或人民法院的主持下，在男女平等、国家保护妇女合法权益的前提下，协商使用宅基地，保证离婚后的男女双方都有房住。

问：在自家宅基地下挖到财产，能归自己所有吗？

答：根据《中华人民共和国民法通则》第七十九条规定，农民在自家宅基地下挖到财产，属于不当得利。关于不当得利，应当返还财产所有人，所有人不明的埋藏物，归国家所有。

问：如果在自家宅基地下发现古墓葬，该怎么处理？

答：《中华人民共和国文物保护法》第三十二条规定：农村村民发现宅基地下有古墓葬，应当立即报告当地文物行政管理部门处理，不得私自挖掘古遗址、古墓葬。

在宅基地下发现文物隐藏不报，不上交国家的，由公安部门给予警告或者罚款，并追缴其非法所得的文物。私自挖掘古墓葬，触犯《中华人民共和国刑法》的，依法追究刑事责任。

第四章 宅基地的流转和收回、灭失

农村宅基地能转让吗?

>>经典案例

李某和张乙是某市中原区盘水镇某村的村民，李某是张乙的母亲，张甲与李某的丈夫是堂兄弟。2001 年 3 月 22 日，张乙与张甲签订了一份《住宅房屋使用权转让协议书》，协议约定：张乙转让给张甲土地 0.35 亩、房屋六间；张甲一次性付给张乙永久性使用费 38 000元；付款后双方永远不得反悔。王某和赵某作为证明人，也在该协议书上签了名。2004 年 1 月 8 日，该村村民委员会在该协议书上签署“同意”并加盖了村委会公章。协议签订当日，张甲便一次性付给张乙 38 000 元，当时李某及其家人都在场，王某和赵某证明了付款的全过程。

某市中原区 2000 字第 1053 号位于该村七组，用作宅基地，使用面积是 168 平方米，集体土地使用证登记的上地使用者是李某的丈夫，发证日期 2000 年 1 月 6 日，土地归该村村委会所有。

张甲原户籍地是某市回族区北顺城街49号2号楼29号。2008年7月14日，张甲将其户籍迁到中原区盘水镇该村35号，作为居住在这里的户主李某丈夫的其他亲属入户，该户籍登记张甲的服务处是该市第二砂轮厂，职业是管理员。张甲的妻子孙某的户籍是在2004年5月28日，作为李某丈夫的其他亲属入户的。

2008年6月3日，李某向该市中原区人民法院提起诉讼，请求依法判定张甲与张乙所签的住宅房屋使用权转让协议书无效。

一审法院经过审理认为，李某与丈夫生前一直与其子张乙共同居住生活，在拥有一处宅基地的情况下，张乙又申请获得了另一处宅基地使用权，不符合一户只能拥有一处宅基地的原则。在这种情况下，张乙又与张甲签订《住宅房屋使用权转让协议书》，出卖住房和宅基地使用权获取利益，并且是将宅基地使用权出卖给尚不具有本村村民身份的张甲，这种行为违反了国家法律的规定，是无效的民事行为。因李某一直与其子张乙共同生活，张乙出卖的住房和宅基地属家庭共同使用，且在张乙与张甲协商转让房屋和宅基地使用权时在场，协议书是李某的女婿书写，宅基地使用权证原件又交给了张甲，张甲接受转让后即对该宅基地占有使用，占有使用时间已近8年。张乙出卖住房和宅基地的行为应视为李某认可和同意，李某称对此不明知的主张该院不予采信。虽然张甲在签订住宅房屋使用权转让协议书后，于2004年1月8日取得该中原区盘水镇该村村民委员会同意认可，但在此之前张甲和其妻孙某均不是该村村民，且张甲在诉讼中才将其户籍迁入该村35号，但其户籍记载并不显示张甲已经变更身份成为该村村民，其妻孙某的户籍记载也不显示其已经变更身份成为该村村民，张甲也没有证据证明其符合在该村分配宅基地使用权的条件，所以，张甲仅户籍迁入该村也并不能阻却双方协议无效的性质。

一审法院依照《中华人民共和国土地管理法》第八条第二款、第六十二条和《中华人民共和国物权法》第一百五十三条及《中华人民共和国合同法》第五十二条第（五）项的规定，作出如下判决：被告张乙与被告张甲于2001年3月22日签订的住宅房屋使用权转让协议书无效。

张甲不服一审判决，提起上诉。

二审法院经审理认为，张乙与张甲于2001年3月22日签订的住宅房屋转让协议，违反了我国法律、行政性法规的强制性规定，属于无效协议。根据《中华人民共和国土地管理法》《中华人民共和国物权法》的相关规定，宅基地的所有权归农民集体所有，宅基地使用权的主体是特定的农村居民，每户只能拥有一处宅基地。农村村民出卖、出租住房后，再申请宅基地的，不予批准。由上述规定我们可以知道，将宅基地使用权向本集体组织以外的人转让是不允许的。张乙与张甲在签订《住宅房屋使用权转让协议书》时，张甲与其妻孙某均不是该村的村民，他们二人不符合在该村拥有宅基地使用权的条件。所以，法院对张甲请求二审改判的上诉主张不予支持。

根据《中华人民共和国民事诉讼法》第一百五十三条第一款第（一）项的规定，作出如下判决：驳回上诉，维持原判。

>>律师在线

本案涉及的法律问题主要是：宅基地不得向城镇居民转让有什么法律依据？

根据我国相关法律规定，农村宅基地属于农民集体所有，宅基地使用权的主体是特定的农村村民；农村的住宅不得向城市居民出售；农村村民转让农村房屋和宅基地使用权的不得向本集体经济组织以外的农村村民转让；农村村民一户只能拥有一处宅基地；农村村民出卖住房后，再申请宅基地的，不予批准。

（1）宅基地使用权只能由本集体经济组织成员所享有。现在，我国有13亿人口，其中农村人口就有9亿左右，关乎这些农民“安身立命”及攸关社会和谐稳定，我国国家政策和立法一直对宅基地转让问题从严控制。宅基地使用权是农民因建造自有房屋而对集体所有的土地享有占有、使用的权利。其特点是：①宅基地所有权归集体；②宅基地使用权仅限于本集体经济组织内特定的成员享有，农村集体经济组织以外的人员不能申请并取得宅基地；③宅基地使用的有限性，原则上只能由宅基地使用者建房子用，不能将宅基地转卖；④福利性，即农村村民取得宅基地使用权基本上是无偿的，或只交纳了极少的费用。

（2）我国人多地少，必须严格实行土地管理制度。为避免农民转让宅基地后流离失所，进而影响社会稳定的现象的出现，我国立法禁止城镇居民购买宅基地。《中华人民共和国土地管理法》第六十三条规定：“农民集体所有的土地的使用权不得出让、转让或者出租用于非法农业建设”。另外，《中华人民共和国土地管理法》中有关“农村村民出卖、出租住房后，再申请宅基地的，不予批准”的规定，也体现了不允许宅基地使用权向集体经济组织外的城镇居民转让的原则。《中华人民共和国物权法》第一百六十二条规定“禁止城镇居民在农村购置宅基地”。国务院办公厅《关于加强土地转让管理严禁炒卖土地的通知》以及国土资源部《关于加强农村宅基地管理的意见》也明确禁止城镇居民在农村购买和建造房屋。除此之外，2004年国务院《关于深化改革严格土地管理的决定》再次强调：加强农村宅基地管理，禁止城镇居民在农村购置宅基地。

（3）宅基地原则上不得转让，只有符合法定条件才能转让。根据《中华人民共和国土地管理法》第六十二条、《中华人民共和国物权法》第一百五十五条及有关政策的规定，允许宅基地使用权转让需同时具备的法定条件是：①转让人拥有二处以上的宅基地；②转让人与受让人为同一集体经济组织成员；③受让人没有住房和宅基地，且符合宅基地使用权分配条件；④转让行为征得集体经济组织同意。

因此，法律对宅基地转让人及受让人均作了严格限制，只能在本集体经济组织成员内部转让，而且转让还必须符合法定程序。

本案中，张甲和张乙于2001年3月22日签订的《住宅房屋使用权转让协议书》违反我国法律、行政性法规的强制性规定，属于无效协议。所以，一、二审法院的判决是正确的。

农村宅基地使用权的性质是什么?

>>经典案例

李某是某市某县大新村村民。2006年5月，李某依法定程序，申请取得本村的一块宅基地。但是，由于他长期在外打工，并在打工的地方租房定居，所以他一直没有在这块宅基地上建房。2008年2月，李某回家过年期间，同村村民张某见李某申请的这块宅基地位置好，紧邻农田和农道，生产生活条件都非常便利，且听说李某最近几年没有回家盖房的打算，于是张某到李某的家中商量，说服李某将宅基地转让给自己。李某见张某的转让金额比较理想，便同意转让给他。2008年3月，两人签订了一份《宅基地转让协议书》，张某将转让金支付给李某后，便在李某的这块宅基地上开始动工建房。就在张某动工建房的过程中，李某打工所在的城市房价暴涨，李某认为在城市定居无望，便回乡制止张某继续盖房。张某不服，便将李某诉至该县人民法院，请求法院确认合同的有效性。

原告张某诉称：我与被告李某于2008年3月签订了《宅基地转让协议书》，并向他支付了一笔转让金，现在白纸黑字放在这里。虽然我听说最近国家出台了政策，不允许城市居民购买农民的房子，可我本身就是农村居民，应该可以享受到宅基地的福利。现在李某反悔，我认为他的请求无理。所以，请求法院确认合同的有效性，采取强制措施制止李某的暴力阻建行为。

被告李某辩称：我确实曾与原告张某签订过一份《宅基地转让协议书》，但当时我是打算在我打工的所在城市生活定居的，但现在那个城市的房价暴涨，所以我就打算回乡盖房。如果我不收回转让给张某的宅基地，那我以后将无房可住，所以我请求法院判决合同无效。

在庭审阶段，原、被告双方分别出示了各种证据，来证明自己的主张属实。

法院经审理，对被告李某的主张予以支持，根据《中华人民共和国物权法》第一百五十二条、第一百五十三条，《中华人民共和国土地管理法》第六十二条及《中华人民共和国合同法》第五十二条第（五）项，作出如下判决：原、被告双方签订的《宅基地转让协议书》无效，被告李某将原告张某支付的宅基地转让金退还给原告张某。

>>律师在线

《中华人民共和国物权法》第一百五十二条，宅基地使用权人依法对集体所有的土地享有占有和使用的权利，有权依法利用该土地建造住宅及其附属设施。

《中华人民共和国物权法》第一百五十三条，宅基地使用权的取得、行使和转让，适用土地管理法等法律和国家有关规定。

《中华人民共和国合同法》第五十二条，有下列情形之一的，合同无效：

（一）一方以欺诈、胁迫的手段订立合同，损害国家利益；

（二）恶意串通，损害国家、集体或者第三人利益；

（三）以合法形式掩盖非法目的；

（四）损害社会公共利益；

（五）违反法律、行政法规的强制性规定。

《中华人民共和国土地管理法》第六十二条，农村村民一户只能拥有一处宅基地，其宅基地的面积不得超过省、自治区、直辖市规定的标准。

农村村民建住宅，应当符合乡（镇）土地利用总体规划，并尽量使用原有的宅基地和村内空闲地。

农村村民住宅用地，经乡（镇）人民政府审核，由县级人民政府批准；其中，涉及占用农用地的，依照本法第四十四条的规定办理审批手续。

农村村民出卖、出租住房后，再申请宅基地的，不予批准。

从民法物权的角度分析，物权是完全物权和不完全物权的组合。所谓物权，是近现代民法一个很重要的概念，和债权一起组成近现代民法的两大支柱。之所以称作物权，主要是因为在很大程度上来自于对德国民法的继受，同时也是要明确物的归属，发挥物的效应，最大限度地活跃经济，促进市场经济的发展。在我国的物权法中，宅基地使用权被定义为一种用益物权，即一种不完全的物权，不能享有完全的占有、使用、收益、处分的权利。因此，宅基地使用权的权能是受一定限制的。

《中华人民共和国物权法》第一百五十二条规定：宅基地使用权人依法对集体所有的土地享有占有和使用的权利，有权依法利用该土地建造住宅及其附属设施。从这条规定来看，集体经济组织成员享有的是在宅基地上建房和修缮的权利。《中华人民共和国物权法》第一百五十三条规定：宅基地使用权的取得、使用和流转要根据《中华人民共和国土地管理法》。《中华人民共和国土地管理法》第六十二条：在宅基地使用权的批准上讲得十分清楚，未获得宅基地使用权批准前，宅基地使用权就不属于农民个人，属于农民所在的整个集体经济组织，在获得批准之后，农民就享有建设房屋或者附属设施的权能。换句话说，农民获得批准的只是利用该土地建造住宅及其附属设施的权利，依然不享有处分权。处分权属于享有审批权的国家相关部门。本案中，虽然李某和张某签订了《宅基地转让协议书》，并且张某也支付给李某转让金，但这种行为违反了《中华人民共和国合同法》第五十二条第（五）项的规定：宅基地是无法自由流转的，合同本身就是无效的。因而法院会支持被告李某的主张。

分析本案，就有必要了解一下宅基地使用权的性质。所谓农村宅基地使用权，是农村集体土地所有权和使用权相分离的基础上产生的一项权利，其性质可归纳为：宅基地使用权人对依法取得的宅基地有长期占有使用的权利，宅基地使用权人有在宅基地上建造住宅及其附属设施的权利，宅基地使用权人不得采用非法手段占有宅基地（《中华人民共和国土地管理法》第七十七条规定，农村村民未经批准或者采取欺骗手段骗取批准，非法占用土地建住宅的，由县级以上人民政府土地行政主管部门责令退还非法占用的土地，限期拆除在非法占用的土地上新建的房屋。超过省、自治区、直辖市规定的标准，多占的土地以非法占用土地论处），宅基地使用权人不得买卖、抵押或以其他形式非法单独转让宅基地使用权（对此，《中华人民共和国土地管理法》第八十一条规定，擅自将农民集体所有的土地的使用权出让、转让或者出租用于非农业建设的，由县级以上人民政府土地行政主管部门责令限期改正，没收违法所得，并处罚款。《中华人民共和国担保法》第三十七条规定，宅基地使用权不得抵押）。

农村宅基地互换协议怎样得到法院的认可?

>>经典案例

黄甲与黄乙是亲兄弟关系，两人均已成家。两人的住房原在一起，后来黄乙一家搬进了新居。1996 年，黄甲申请原址建房，获得有关部门的批准，但是重新翻建的房屋需要占用黄乙的旧屋宅基地。黄甲与黄乙经过协商，黄甲用位于大河沿的杂边地，调换黄乙的旧屋宅基地，杂边地的面积比旧物宅基地大。当时，兄弟两人对土地的使用权调换没有异议。黄甲将调得的土地，部分用于建房，部分用作场院。2004 年，黄甲将场院现浇成水泥场地。后来，黄甲和黄乙因为生活小事产生矛盾，黄乙便对双方调地使用的行为反悔。2008 年 8 月 23 日，黄乙故意将一车砖头堆放于黄甲住房前水泥场地上。两人产生纠纷，黄甲便将黄乙告上法庭。

原告黄甲诉称，被告黄乙故意将一车砖头堆放在自己住房前的水泥场地上，影响了自己加的居住生活。请求法院判令被告黄乙排除妨碍，将砖头搬除。

被告黄乙辩称，将一车砖头堆放在原告黄甲住房前的水泥场地上的情况属实。由于原告黄甲住房地基以外的土地，其使用权属于自己，所以自己并没有侵犯原告黄甲宅基地的使用权，要求法院驳回原告的诉讼请求。

法院经过审理，根据《农村土地承包法》第十条、第四十条，《中华人民共和国物权法》第一百五十二条、第一百五十三条的规定，作出如下判决：

在本判决生效之日起十日内，被告黄乙将堆放在原告黄甲水泥场地上的砖头全部搬除。

本案受理费人民币 50 元，减半收取计人民币 25 元，由被告黄乙负担。

>>律师在线

本案中双方所争土地的所有权归集体所有。集体所有的土地，农民个人依法可以使用。根据《中华人民共和国合同法》的有关规定，在不违背法律强制性规定的情况下，双方达成的协议合同就是有效的。本案中，原、被告是亲兄弟关系，属于同一集体经济组织的村民，双方自愿调换所争土地的使用权的行为，并不违反《中华人民共和国土地管理法》和《国务院关于深化改革严格土地管理的决定》等法律政策的强制性规定。本案中有一点没有交代清楚，就是原、被告所在的农村是否普及宅基地使用权登记发证，倘若原、被告各持有相关部门颁发的宅基地使用证，那么双方就必须到土地登记机关变更登记，不然，即使宅基地互换协议有效，也无法得到法院的支持，也就是说宅基地互换会因为没有变更登记而不发生效力。并且，原告是经批准建房的，其依法可对宅基地享有使用权。在使用权已归属原告后，被告故意在原告的水泥场地上堆放砖头，这种行为侵犯了原告的宅基地使用权，所以原告有权要求被告将堆放在自己水泥地上的砖头全部搬除。

农村宅基地纠纷的典型特点，就是发生在亲属、亲戚或邻里乡亲之间，而本案的宅基地纠纷就是发生在亲兄弟之间，所以，发生争议的村民应该本着“有利生产，团结合作”的原则，自主协商为主，或请村委会等中间人协调解决。

接受赠与宅基地的城镇居民主张宅基地使用权能获支持吗？

>>经典案例

原告张甲与被告张乙的母亲李某是某县巷口镇城东一社的村民，张甲和张乙是某城镇居民，赵某是某区政府公务员。1998 年 8 月，由于山体滑坡，李某的房屋灭失，需要另申请一块宅基地，经村、社同意批准，李某将宅基地选在巷口镇白笋溪沟右岸，占地面积为 167 平方米。1999 年 12 月，李某办理了农村居民建设用地批准手续，但由于资金问题，并未立即修建。2004 年 7 月，李某将该宅基地分给其子张丙、原告张甲、被告张乙，由三人各自建造房屋。其中，分给张丙的宅基地排面宽 13 米，分给原告张甲的宅基地排面宽 10 米，分给被告张乙的宅基地排面宽 12 米。2004 年 8 月 20 日，原告张甲、赵某与被告张乙、王某签订了《房屋建设合伙协议》，约定原告张甲、赵某将其分得的宅基地有偿转让给被告张乙、王某，被告张乙、王某交给原告张甲、赵某 120 平方米房屋（两套）作为对价，超出 120 平方米部分按 500 元/平方米补差价。被告张乙、王某到有关部门办理房屋修建手续时，被告知该地属于农村集体所有的土地，不能私自转让用于非农建设，只能由国家征用后出让。2005 年 4 月 6 日，被告张乙就征用巷口镇白笋溪沟右岸未利用地 337.8 平方米，借用某公司的名义向该县人民政府提出用地申请。2005 年 5 月 25 日，该公司与该县国家建设统一征用土地办公室（以下简称统征办）签订了《委托征地安置补偿协议书》，委托统征办征用巷口镇白笋溪沟右岸未利用的集体土地及支付相应补偿、安置费用。2005 年 7 月 5 日，该公司将征用补偿专项资金 16416 元划到该县国土资源局指定的账户上。2005 年 7 月 29 日，被告张乙用该公司和李某的名义假造了一份《土地转让协议》，将正在办理征用手续的 337.8 平方米国有土地虚假转让给李某，随后，又用李某与张丙、张甲等十几个人的名义假造了十几份《房屋集资建设合伙协议》，然后利用这些合同以李某的名字办理了个人集资建房修建手续，并在房屋建成后对外出售。原告张甲、赵某在房屋建成后要求被告张乙、王某履行合同，交付给他们两套房屋，被告则提出原告承担一部分征用土地的费用后再履行合同。双方争执不下，原告于 2006 年 10 月 31 日诉至法院。

原告张甲、赵某诉称，原、被告的母亲李某在该县白笋溪沟有一块宅基地，2003 年在村社干部的主持下，原、被告和弟弟张丙各分得一块地基，准备各自建造房屋。被告则提出，把地基交给他统一修建，搞商品房开发。2004 年 8 月 20 日，原、被告双方签订《房屋建设合伙协议》，约定原告把地基转让给被告开发，被告交付给原告两套房屋，超过 120 平方米的面积，按 500 元/平方米补差价。但是，房屋修建后，被告却拒绝履行协议。请求人民法院判令被告将白笋溪沟自建的两套房屋交付给原告。

被告张乙、王某辩称，与原告签订《房屋建设合伙协议》属实，但李某的修建手续已经失效，如果重新办理修建手续，就需要花 8 万多元的费用，由于原告不愿意负担这笔费用，双方实际并没有履行合同。后来，被告单独办理了征地手续，修建了房屋，取得了国有土地使用权，李某对被告征用的土地不再享有使用权。原、被告都是城镇户口，均不符合受让农村宅基地的条件，双方签订的《房屋建设合伙协议》实则无效。请求人民法院驳回原告的诉讼请求。

法院经过审理，根据《中华人民共和国民法通则》第五十八条第二款、《中华人民共和国合同法》第五十二条第（五）项的规定，判决如下：驳回原告张甲、赵某的诉讼请求。本案受理费 2 310 元、其他诉讼费 730 元，共计 3 040 元，由原告张甲、赵某负担。

>>律师在线

本案中，原告和被告均是城镇户口，虽然这些城镇居民原来就生活在农村，但户口迁移之后，就不再享有“村民”的身份。同时，也就丧失了享有农村福利的机会，即无偿使用宅基地使用权。

原、被告双方所签订的《房屋建设合伙协议》实际上是宅基地使用权转让协议，并不是合伙建房协议。根据《中华人民共和国土地管理法》第六十二条“农村村民一户只能拥有一处宅基地……农村村民出卖、出租住房后，再申请宅基地的，不予批准”、第六十三条“农民集体所有的土地的使用权不得出让、转让或者出租用于非农业建设”的规定，以及国务院《关于深化改革严格土地管理的决定》“禁止城镇居民在农村购置宅基地”的规定，宅基地使用权专属于农村集体经济组织成员享有，城镇居民和国家公务员不能享有宅基地使用权。原告张甲和被告张乙、王某都是城镇居民，原告赵某是国家公务员，因此，张甲和张乙的母亲李某将其享有的宅基地使用权赠送给原、被告的行为违反了国家法律规定，这种行为实则无效，原、被告双方在这种无效的赠与行为基础上，再另行签订的宅基地使用权转让协议也同样属于无效协议。合同无效，那么对双方就没有丝毫约束力，原告张甲、赵某要求被告张乙、王某按照协议交付房屋的诉讼请求，自然也就不符合法律规定，所以法院对此不予以支持。

虽然迁出农村的城镇居民接受的宅基地使用权赠与无效，但城镇居民依然可以继承农村房屋，那么同时也就继承了宅基地使用权，但这种宅基地使用权受一定限制，只在该房屋存续期间享有宅基地使用权。

子女为城镇居民，能继承已故农村父母的宅基地使用权吗?

>>经典案例

田某是其父母唯一的女儿。1983 年，其父亲以“一户三口”的名义申请了一块宅基地。1991 年，田某考上了名牌大学，户口也随之迁到了大学所在的城市。1995 年，田某在大学毕业后成了一名公务员，后来结婚后也一直与丈夫居住在城市。2004 年，田某的父母因意外事故去世，留下老宅和房屋一处。2005 年初，老宅所在的村集体通知田某，因其父母已经去世，老宅无人居住，村里准备将其收回。田某对此很是不满，于是打算对老宅进行加固维修。但在维修过程中，村集体却加以阻挠。双方发生纠纷，田某便诉至法院，请求依法保护自己的继承权。

被告村集体辩称：田某现在已经是城镇居民，无权继承父母留下的农村宅基地和房屋，要求法院驳回其诉讼请求。

法院经过审理，判决田某依法享有房屋继承权。

>>律师在线

本案涉及的法律问题主要是：子女为城镇居民，能继承农村父母的宅基地使用权和房屋所有权吗?

根据我国《宪法》第十条和《中华人民共和国土地管理法》第八条的规定，宅基地属于农民集体组织所有，只有本集体组织成员的村民在符合法定条件情况下，可以申请宅基地建房，享有宅基地使用权，即对于集体所有的土地享有占有和使用的权利，并依法享有利用该土地建造住宅及其附属设施的权利。此外，根据《中华人民共和国继承法》的规定，遗产是公民死亡时遗留的个人合法财产。

在本案中，田某是其父母唯一的女儿，其父母意外去世后遗留在农村的房屋等财产理应属于被继承人的合法财产，而作为被继承人的女儿对此具有继承权。虽然田某后来上大学成为了城镇居民，无权对宅基地进行继承，但她有权继承房屋等其他财产，而在继承房屋的同时，因为房、地是不可分离的，自然也就及于房屋下的宅基地。所以，只要在房屋存续期间，田某就可以使用宅基地。根据《确定土地所有权和使用权的若干规定》第四十九条的规定，继承房屋取得的宅基地，可以确定其集体土地建设用地使用权。所以，法院判决田某依法享有房屋继承权是正确的。

农村宅基地能用来抵押吗?

>>经典案例

张某是某省某市甲镇 A 村的村民。2008 年 3 月 17 日，由于承建工程项目大资金不足，张某通过熟人王某找到甲镇 B 村的李某，向其借款 8 万元，限期一年内还清，并出具了一份借条。张某和李某在借款合同中约定：若到期不能还清借款，张某自愿将其所有的 A 村的宅基地连同地面附属房屋抵押给李某所有。一年期限到后，李某多次向张某索要借款，张某却找各种理由拖延时间不予偿还。李某便将张某告上法庭，要求根据双方协议，用张某在 A 村的宅基地连同地面附属房屋抵押给自己。

被告张某辩称，我与李某签订的借款合同实则是抵押借款合同。根据国家法律规定，农村宅基地不能用作抵押。因此，我与李某签订的抵押借款合同无效。并且，李某也并不是 A 村的村民，不属于该集体经济组织成员，根据国家规定无权取得该宅基地。请求法院驳回李某的诉讼请求。

法院经过审理，判决驳回原告李某的诉讼请求。

>>律师在线

本案主要涉及了以下两个法律问题：

1. 农村宅基地及房屋的转让问题

农村宅基地使用权是农村集体经济组织成员的一项重要权利，具有身份属性。所以，其转让要受许多限制。但农村宅基地使用权并非绝对禁止转让，在法律规定允许的条件下还是可以进行转让的。

《中华人民共和国物权法》规定："宅基地使用权人经本集体同意，可以将建造的住房转让给本集体内符合宅基地使用权分配条件的农户；住房转让时，宅基地使用权一并转让"。从这条法律规定中可以知道，农村宅基地使用权的转让行为是否有效，主要取决于受让主体来确定。如果受让主体是本集体经济组织成员，并经过集体经济组织同意，那么该转让行为应当认定为有效。农村宅基地所有权归集体所有，因此，集体经济组织成员在转让其农村宅基地使用权和附属的农村房屋时，应征得集体经济组织的同意。但是，将农村宅基地使用权转让给本集体经济组织成员以外的人的行为一般是无效的。

2. 农村宅基地抵押合同的效力

抵押，是指为担保债务的履行，债务人或者第三人不转移财产的占有，将该财产抵押给债权人，当债务人不履行债务或者当事人约定的情形发生时，债权人有权依法以该财产折价或者以拍卖、变卖该财产的价款优先受偿。抵押标的，即抵押权设定的财产需符合法律规定。《中华人民共和国物权法》第一百八十四条规定："下列财产不得抵押：（一）土地所有权；（二）耕地、宅基地、自留地、自留山等集体所有的土地使用权；（三）学校、幼儿园、医院等以公益为目的的事业单位、社会团体的教育设施、医疗卫生设施和其他公益设施；（四）所有权、使用权不明或者有争议的财产；（五）依法被查封、扣押、监管的财产；（六）法律、行政法规规定不得抵押的其他财产"。《中华人民共和国担保法》第三十七条也规定："耕地、宅基地、自留地、自留山等集体所有的土地使用权不得抵押"。我国法律之所以作出这样的规定，只要是为了保护农民基本的生存权利。宅基地是农民赖以生存的住所，如果用作抵押，一旦抵押权人行使抵押权，就会导致农民居无住所，进而可能产生严重的社会问题，同时还有可能造成某些人多占宅基地的现象的发生，这均都违反了法律"一户一宅"的规定，造成宅基地管理的混乱。

本案中，张某向李某借款 8 万元，约定一年后如果张某不能偿还债务，则将张某 A 村的宅基地及附属房屋抵押给李某所有。这表明双方签订的是借款抵押合同，抵押标的为张某位于 A 村的宅基地及其地面的附属房屋。但是该宅基地归农村集体所有，农民只拥有该块宅基地的使用权，根据相关法律规定，不得进行抵押，因此，该抵押借款合同实则无效。法院判决驳回原告李某的诉讼请求是正确的。

村民之间用房屋抵债，宅基地使用权该归谁所有？

>>经典案例

张甲、张乙、张丙兄弟三人与母亲王某共同享有祖籍留下的房屋宅院一处，面积为584平方米。后来兄弟三人分家时，张甲和母亲共同生活，母子两人共占有234平方米的宅基地面积。后来，张乙另外申请宅基地建房，将原属于其享有的116平方米的宅基地（包括房屋一间）留给了张甲和母亲王某居住，张甲和母亲王某便共享有三间老屋，面积共为350平方米。1994年6月10日，张甲向张丙借了10 500元。1997年6月9日，张甲和张丙签订了一份房屋折价方案，张甲将三间老屋折价2 400元，用于抵偿借款。2009年4月，张甲向村委会提出申请，要求改建住房，打算对三间旧房及斜坡进行修建。张丙却以房屋是他的为由加以阻拦。两人争执不下，张甲便向法院提起诉讼。

法院经审理认为，虽然张甲享有三间老房，但他已于1997年6月9日通过抵债的方式将其处分给了张丙，根据我国“地随房走”，即建筑物、构筑物及其附属设施被转让处分时，该建筑物、构筑物及其附属设施占用范围内的建设用地使用权也要一并处分的法律规定，张甲要求判决张丙返还侵占的老房屋宅基地350平方米的诉讼请求，证据不足，不予支持，判决驳回张甲的诉讼请求。

>>律师在线

本案涉及的法律问题主要是：村民之间用房屋抵债，其宅基地使用权应该归谁所有？

《中华人民共和国城市房地产管理法》第三十一条规定：房地产转让、抵押时，房屋的所有权和该房屋占用范围内的土地使用权同时转让、抵押。换句话说，在转让房屋时房屋所占土地也要随之转让，即“地随房走”，转让土地时地上房屋同时也要随之转移，即“房随地走”。《中华人民共和国担保法》也规定：房屋设定抵押时，所占土地使用权同时也设定抵押。通过上述规定可知，我国的法律同时确认了“房随地走”和“地随房走”的原则。也就是说，当房产转让、抵押时，房屋所占土地要随之转让，适用“地随房走”原则，当转让、抵押土地时，地上房屋要随之转移，适用“房随地走”原则。不管是“房随地走”还是“地随房走”，实质上都是房地产权利不可分割原则的具体体现。其立法本意是保护债权人的利益，防止债务人将土地使用权与房屋分别抵押，从而造成抵押权实现上的困难。倘若将土地与房屋抵押权分离，就是对法律的曲解。确认房地产权利不可分割的原则，有利于房地产的统一管理。

本案中，张甲享有的三间老房已于 1997 年 6 月 9 日通过抵债的方式将其处分给了张丙，根据我国“地随房走”的原则，建筑物、构筑物及其附属设施被转让处分时，该建筑物、构筑物及其附属设施占用范围内的建设用地使用权也要一并处分。所以，法院判决驳回张甲诉讼请求的处理是正确的。

农村宅基地能作为遗产继承吗?

>>经典案例一

1982 年 3 月，赵某以“一户三人”的名义申请了一块宅基地建房，当时的家庭成员是赵某和妻子程某以及大儿子赵甲。1983 年 11 月，小女儿赵乙出生。2001 年，赵甲结婚，同年赵某因车祸去世。2005 年，赵乙因结婚另行申请宅基地建房；赵甲为增加居住面积，将原来的旧房拆除，在原宅基地上修建了三层新房，赵某的妻子程某与大儿子赵甲在一起居住生活。2006 年，由于城市规划建设的高速公路要经过该村，赵甲居住的房屋面临拆迁。经拆迁委员会核算，需补偿给赵甲拆迁补偿款 16 万余元和宅基地使用权补偿款 36 万余元。赵乙得知此事后，便将哥哥赵甲告上法庭。

原告赵乙诉称：宅基地补偿款属于申请宅基地时的父亲赵某和母亲程某以及哥哥赵甲共同所有，三人应该各分享 12 万余元。现在父亲赵某已经过世，他享有的 12 万余元应当作为遗产由母亲程某、哥哥赵甲和自己共同继承。

被告赵甲辩称：现在宅基地上的房屋是由自己推倒重建的，宅基地使用权应该属于自己。请求人民法院驳回原告赵乙的诉讼请求。

法院经过审理认为，根据《中华人民共和国物权法》第一百五十三条、《中华人民共和国继承法》第三条、《中华人民共和国民法通则》第七十八条及《中华人民共和国土地管理法》第六十二条，宅基地使用权是不能作为个人财产被继承，对被告赵甲的诉讼请求予以支持，判决驳回原告的诉讼请求。

>>律师在线

《中华人民共和国物权法》第一百五十三条，宅基地使用权的取得、行使和转让，适用土地管理法等法律和国家有关规定。

《中华人民共和国继承法》第三条，遗产是公民死亡时遗留的个人合法财产。

《中华人民共和国民法通则》第七十八条，财产可以由两个以上的公民、法人共有。

共有分为按份共有和共同共有。按份共有人按照各自的份额，对共有财产分享权利、分担义务。共同共有人对共有财产享有权利，承担义务。

《中华人民共和国土地管理法》第六十二条，农村村民一户只能拥有一处宅基地，其宅基地的面积不得超过省、自治区、直辖市规定的标准。

从表面上看，本案的争议标的是宅基地补偿款，但是，宅基地使用权是宅基地补偿款的发生原因，所以，本案实则是原、被告双方对宅基地使用权归属的争议。法院只要明确了宅基地使用权的权属，就可以明确宅基地补偿款的所有人。

《中华人民共和国继承法》第三条规定，公民死亡时遗留的个人合法财产是遗产。那么宅基地使用权属于公民个人的合法财产吗？如果属于，那么原告赵乙的主张就是合法的。

从我国法律的物权体系来看，宅基地使用权属于用益物权。而用益物权具有财产性质，所以应当允许被流转或继承。但是，宅基地使用权是我国为了维护广大农村居民的居住权利，而特设的一种特殊物权。它属于一种特殊的财产，具有一定的福利性，是具备社会保障功能的财产，宅基地使用权因出生而获得（不一定实际享有），因死亡而灭失。根据我国现有的法律规定，农民取得宅基地使用权除缴纳较少的税费外，无须缴纳其他费用。宅基地使用权和特定的身份密切相关，只有集体经济组织的成员，才能享有宅基地使用权，并且严格禁止流转。

宅基地使用权的性质决定了它不适合被流转。因为宅基地使用权几乎是无偿获得的，所以如果允许被继承，继承人就有可能违背公平，无端受益，倘若不论身份，其他集体经济组织的成员或者是非集体经济组织的成员就也有可能获得宅基地。那么，就有可能出现一个村民拥有不断扩大的宅基地或一户拥有多处宅基地的可能。

宅基地使用权是家庭共同共有的财产（根据通说，目前的共同共有主要包括有基于夫妻婚姻关系的共同共有、基于家庭关系产生的家庭共同共有、基于遗产分割前的共同共有），这些财产是家庭成员共同生活、共同劳动、共同创造的财产。共同共有是以共同关系的存在为前提的，因共同关系的产生而产生，因共同关系的消灭而消灭。只要共同关系依然存在，就不会出现分割问题，各共同共有人对全部的共有财产享有平等权利，承担平等义务。基于家庭关系产生的家庭共同共有，只要家庭仍然处于存续阶段，就不会出现家庭共有财产分割的问题。并且，家庭个别成员的死亡，并不会导致家庭关系的消失，也就是没有形成可以分割的个人份额。在本案中，赵某在死亡前，宅基地使用权并不是其个人的财产，其死亡后，宅基地使用权依然不属于其个人财产，而是作为家庭共有财产继续存续下去。从这一角度而言，宅基地使用权仍然是不可以继承的。

>>经典案例二

贾某在父母双亡后，想要继承父母所有的财产，其父母的财产主要是农村宅基地上的房产（已经办理了房屋产权登记并取得了宅基地使用权证）。现在，贾某已经办理了继承公证，并到房屋产权管理中心办理了产权过户，但是他到土地管理部门时，却被告知该土地使用权证不能登记在贾某的名下，因为他是城市户口，不符合取得该土地使用权的条件。

>>律师在线

本案涉及的法律问题主要有以下两个：

1. 贾某能否继承其父母名下的房屋及宅基地使用权的问题

（1）对于房屋能否继承的问题　《中华人民共和国继承法》第三条规定：遗产是公民死亡时遗留的个人合法财产。该条第一款第（一）项规定，公民的房屋、储蓄和生活用品均属于个人财产的范围。本案中，贾某父母的房屋已经合法办理了产权登记手续，并取得了房屋产权证书，那么该房屋就应当属于他们的个人合法财产，在他们去世后，自然应该作为遗产由贾某继承。

2007 年 12 月 30 日，国办发［2007］71 号国务院办公厅《关于严格执行有关农村集体建设用地法律和政策的通知》规定：农村住宅用地只能分配给本村村民，城镇居民不得到农村购买宅基地、农民住宅或“小产权房”。《房屋登记办法》第八十七条规定：申请农村村民住房所有权转移登记，受让人不属于房屋所在地农村集体经济组织成员的，除法律、法规另有规定外，房屋登记机构应当不予办理。之所以作这样的规定，是为了保护农村宅基地的保障性作用，适用非城镇居民不能以购买的方式取得农村住宅与宅基地。但国务院文件及我国法律并没有限制依继承的方式取得农村住宅，同时《中华人民共和国继承法》也规定房屋可作为遗产继承。所以，贾某可依法继承取得其父母所有的房屋。

（2）对于宅基地使用权能否继承的问题　农村宅基地的使用权不属于一般的个人合法财产，它具有很强的人身依附性，必须因具有农村集体经济组织成员资格而取得，因集体经济组织成员资格的丧失而失去，不产生在不同资格农民个体之间的流转，即不得被继承。

但《中华人民共和国物权法》第一百四十七条规定：建筑物、构筑物及其附属设施转让、互换、出资或者赠与的，该建筑物、构筑物及其附属设施占用范围内的建设用地使用权一并处分。这是我国法律规定的“房地一体”主义，即房屋流转的，该房屋所占用的土地也一并随之流转。所以，农村宅基地的使用权仍可被组织外的单位或个人所取得，但国办发［2007］71 号中所规定的情况除外。在本案中，由于贾某已经依法取得了其父母生前所有的房屋，根据《中华人民共和国物权法》关于“房地一体”主义的规定，贾某可以取得对该农村宅基地的使用权。

2. 对于贾某所取得的宅基地使用权能否办理变更登记的问题

贾某在依法取得房屋所有权之前，虽然已经办理了遗产继承公证，但该公证只能证明他对房产有继承的权利，并不能证明他对房产享有所有权，在没有依法取得房屋产权的情况下，不能依法据此公证书申请宅基地使用过户。在依法取得房屋所有权之后，根据《中华人民共和国物权法》“房地一体”主义的规定，贾某应当可以依据对房屋的所有权证明，申请宅基地使用权变更登记。同时，《土地登记办法》第十八条规定：有下列情形之一的，不予登记：

（一）土地权属有争议的；

（二）土地违法违规行为尚未处理或者正在处理的；

（三）未依法足额缴纳土地有偿使用费和其他税费的；

（四）申请登记的土地权利超过规定期限的；

（五）其他依法不予登记的。

不予登记的，应当以书面的形式告知申请人不予登记的理由。其中（五）中其他依法不予登记的情形应当包括权属不明及国家所有等情况。在本案中，贾某依法取得了宅基地使用权，同时不具有依法不予登记的情形，所以该房屋所在地的国土资源管理部门应当依法对其权利进行登记确认。

城市居民能否购买宅基地使用权？

>>经典案例

王某是某市某纺织厂的一名员工，近年来，该市房价暴涨，王某感觉在城中买房比较困难，于是决定在该市周边的村中买房。2003年12月30日，王某从该市周边某村陈某处购房，陈某将该村68号占地面积为100平方米的两层房屋以14万元的价格转让给王某，两人签订了房屋转让协议及补充协议。王某买回房屋后，随即就将两层旧房屋拆除了，然后四处借款重新建造了三层楼房。2009年，该市进行“十二五”城市规划，决定在该村及周边地区进行商业开发，该村所在地被规划为一现代商城。该项目改造工程一开始，该村即将面临着拆迁，王某的三层楼房将得到150多万的拆迁补偿。王某正在高兴之际，陈某却将他诉至人民法院，请求依法确认原、被告之间所签的房屋转让协议及补充协议无效，并将该村68号房屋返还给原告，且要求诉讼费用全部由被告承担。

原告陈某诉称：我于2003年12月30日将该村68号房屋卖给城市居民王某，当时，我不知道宅基地上建的房屋不可以买卖。后来我听说宅基地上的房屋依法律规定是不可以进行买卖的。请求法院确认我和王某签订的房屋转让协议及补充协议无效，并由被告承担全部的诉讼费用。

被告王某辩称：我从原告陈某处购得两层楼房后，将之推倒重建，改建为三层楼房。我认为，原告是为了牟取城市规划改造补偿工程款才要求法院确认该村 68 号房屋的房屋转让协议及补充协议无效的。请求法院驳回原告陈某的诉讼请求。

法院经审理查明，根据《中华人民共和国物权法》第一百五十三条、第一百五十五条，《中华人民共和国土地管理法》第六十二条、《中华人民共和国合同法》第五十二条第（五）项，作出如下判决：

确认陈某和王某签订的房屋转让协议及补充协议无效，陈某返还所收房款 14 万元，王某返还房屋及宅基地使用权。

委托房产评估机构评估王某所建房屋价值 23 万余元，陈某给予王某合理补偿 15 万元。

>>律师在线

《中华人民共和国物权法》第一百五十三条，宅基地使用权的取得、行使和转让，适用土地管理法等法律和国家有关规定。

《中华人民共和国物权法》第一百五十五条，已经登记的宅基地使用权转让或者消灭的，应当及时办理变更登记或者注销登记。

《中华人民共和国土地管理法》第六十二条，农村村民一户只能拥有一处宅基地，其宅基地的面积不得超过省、自治区、直辖市规定的标准。

农村村民建住宅。应当符合乡（镇）土地利用总体规划，并尽量使用原有的宅基地和村内空闲地。

农村村民住宅用地，经乡（镇）人民政府审核，由县级人民政府批准；其中，涉及占用农用地的，依照本法第四十四条的规定办理审批手续。

农村村民出卖、出租住房后，再申请宅基地的，不予批准。

《中华人民共和国合同法》第五十二条第（五）项，违反法律、行政法规规定的，合同无效。

《某省土地管理条例》第三十三条，农村村民一户只能拥有一处宅基地，用地面积按照以下标准执行：

（一）城市规划区内，人均占地不得超过 20 平方米，一户最多不得超过 100 平方米；

（二）城市规划区外，人均占地不得超过 30 平方米，一户最多不得超过 150 平方米。

人均耕地较少地区的农村村民宅基地面积，在上述标准内从严控制；山区、半山区、边疆少数民族地区的农村村民宅基地标准，可以适当放宽。具体执行标准，由州、市人民政府、地区行政公署根据实际情况制定，报省人民政府批准。

农村村民迁居拆除房屋后腾出的宅基地，必须限期退还集体，不得私自转让。

经批准使用的宅基地，必须按批准的位置和面积建盖，超过两年未建成使用的，由农村集体经济组织报经原批准机关批准，无偿收回土地使用权。

国务院《关于深化改革严格土地管理的决定》规定，加强农村宅基地管理，禁止城镇居民在农村购置宅基地。

国土资源部《关于加强农村宅基地管理的意见》第六条，农村村民建住宅需要使用宅基地的，应向本集体经济组织提出申请，并在本集体经济组织或村民小组张榜公布。公布期满无异议的，报经乡（镇）审核后，报县（市）审批。经依法批准的宅基地，农村集体经济组织或村民小组应及时将审批结果张榜公布。

国土资源部《关于加强农村宅基地管理的意见》第十三条，各地要进一步健全和完善动态巡查制度，切实加强农村村民住宅建设用地的日常监管，及时发现和制止各类土地违法行为。要重点加强城乡接合部地区农村宅基地的监督管理。严禁城镇居民在农村购置宅基地，严禁为城镇居民在农村购买和违法建造的住宅发放土地使用证。

农村宅基地的所有权归集体经济组织，使用权归农村居民，即是集体经济组织内的成员，因此，具有无偿性、福利性和限制转让性。

从上述法律规定中可知，宅基地使用权是集体经济组织成员享有的权利，与特定身份密切相关。农村的房屋买卖标的不但涉及房屋，而且包含相应的宅基地使用权。宅基地使用权是农村集体经济组织成员享有的权利，与享有者特定的身份相联系，非本集体经济组织成员无权取得或变相取得。《中华人民共和国土地管理法》等法律明确规定，农村村民一户只能拥有一处宅基地，拥有两处或两处以上均属违法。村民没有处理宅基地的权利，法律禁止对宅基地进行私自买卖。国务院《关于深化改革严格土地管理的决定》再次强调“加强农村宅基地管理，禁止城镇居民在农村购置宅基地”。在本案中，王某购买了陈某建造的房产，也就相当于同时购买了陈某作为集体经济组织成员所享有的宅基地使用权，这是法律和国家政策所明令禁止的。那么，非集体经济组织成员因购买农村宅基地或房屋而与其订立的买卖合同自然就是无效的。

而买卖合同无效的法律后果是互相返还。本案中，陈某返还王某的购房款，王某返还房屋及宅基地使用权。但王某对该宅基地上的房屋进行了重建、新修等，如果让陈某只返还购房款或购地款，王某返还房屋或土地对王某明显不公平，而且当时正值该市“十二五”规划要征用该处地段给予高价拆迁，陈某才提出返还请求，具有一定程度的过错，因此法院委托评估机构对房屋造价和现行价值进行评估，结合双方过错，给予王某一定的补偿 15 万元是恰当的。

县人民政府有权收回宅基地使用权吗?

>>经典案例

2004年12月，某省某市A县人民政府发布公告，依据该省国土资源厅和建设厅联合发布的文件和该市国土资源局、该市城市规划局联合作出的文件，界定了A县城市建成区的方位，并确认将建成区内的集体土地性质转变为国有。2006年9月，A县发改委将涉案宗地确定为综合开发项目用地，A县建设局根据A县发改委文件对该宗地颁发了建设用地规划许可证，A县国土资源局根据以上文件和行政许可，同时还根据《中华人民共和国土地管理法》第五十八条第一款第（二）项的规定，将收回涉案宗地土地使用权的请示呈报，经A县人民政府批准，涉案宗地被纳入该县土地储备中心，完成了收回涉案宗地土地使用权的行为。A县某乡马家屯的张某等六户村民不服此决定，诉至人民法院。

原告张某等六户村民诉称：涉案宗地原为A县某乡马家屯张某等六户的宅基地，他们目前持有的土地证件依然是集体建设用地使用证，他们所属的某乡马家屯原属于A县县城郊区。

人民法院经审理，判决确认A县人民政府于2006年9月作出的收回张某等六户农民的土地使用权行为违法。

判决作出后，A县人民政府不服，提起上诉。

上诉法院经过审理，判决驳回A县人民政府的上诉，维持原判。

>>律师在线

本案涉及的法律问题主要有两个方面：

1. 人民政府收回土地使用权的事实基础

依据《中华人民共和国土地管理法》第五十八条第一款的规定，有下列情形之一的，由有关人民政府土地管理部门报经批准用地的人民政府或者有批准权的人民政府批准，可以收回国有土地使用权：

（一）为公共利益需要使用土地的；

（二）为实施城市规划进行旧城区改建，需要调整使用土地的；

（三）土地出让等有偿使用合同约定使用期限届满，土地使用者未申请续期或者续期未批准的；

（四）因单位撤销、迁移等原因，停止使用原划拨的国有土地的；

（五）公路、铁路、机场、矿场等经核准报废的。

依据上述法律规定，人民政府只能依法定情形收回本辖区内国有土地使用权。根据本行政区域内城市的建设需要被收回土地的使用权性质也应为国有性质。但从本案来看，A 县人民政府收回国有土地的行为不符合上述任何一种法定情形，缺乏前提事实基础。

2. 集体土地转化为国家所有的情形

根据国务院 1998 年颁布的《土地管理法实施条例》第二条的规定，下列土地属于全民所有即国家所有：

（一）城市市区的土地；

（二）农村和城市郊区中已经依法没收、征收、征购为国有的土地；

（三）国家依法征用的土地；

（四）依法不属于集体所有的林地、草地、荒地、滩涂及其他土地；

（五）农村集体经济组织全部成员转为城镇居民的，原属于其成员集体所有的土地；

（六）因国家组织移民、自然灾害等原因，农民成建制地集体迁移后不再使用的原属于迁移农民集体所有的土地。

上述（二）、（三）、（五）、（六）项规定了集体土地转化为国家所有的四种情形。而在本案中，法院经过审理发现，本案并没有发生以上四种土地性质发生转变的法定情形，也就是说，本案宗地不存在土地所有权性质发生转变的法定条件，仍为集体所有性质。因此，A县人民政府将涉案土地使用权收回缺乏该土地为国有性质的事实依据，该行政行为不符合法律依据。所以，一、二审法院的判决是正确的。

村委会能否擅自收回宅基地？

>>经典案例一

陈某是某村村民。1984年3月，陈某的父亲以“一户四口”的名义，向村委会申请宅基地建房，当时的家庭成员是陈某的父母、陈某和陈某的妹妹。1986年，陈某高中毕业，进入省城的一所大学上学，户口也随之迁到省城，转成了城镇户口。大学毕业后，陈某被分配到距家乡不远的一座城市的政府机关工作，结婚后一直在市里居住生活。1989年5月，陈某的妹妹结婚，户口也随之迁出，老家的住宅一直由陈某的父母居住。1996年，陈某的父母相继去世，留下了老宅。由于老宅无人居住，年久失修，2003年初垮塌毁损。2007年年底，该村村委会通知陈某，因其父母已经过世，村里按规定要收回这处老宅的宅基地使用权，要求陈某在规定时间内将宅基地上的附着物拆除清理，或是按规定将该处住宅转让给本村有宅基地使用权的村民，却遭到陈某的拒绝。村委会便诉至法院，要求法院判决陈某向村委会返还其老宅的土地使用权。

被告陈某辩称，父母的房屋连同土地应作为遗产由自己继承，宅基地是其父母合法所得，完全应该作为遗产由自己继承，要求法院驳回村委会的诉讼请求。

法院经过审理认为，宅基地使用权作为土地使用权的一部分，理所应当归当地的农村集体经济组织所有，村委会作为农村集体经济组织的代表，有权收回宅基地。所以，法院判决被告陈某将该宅基地使用权返还给村委会。

>>律师在线

本案涉及的法律问题主要是：村委会是否有权收回宅基地？

在我国广大农村，所实行的都是宅基地所有权与使用权相分离的制度，即农村土地归集体所有，公民可以依法取得对宅基地的使用权。根据我国相关法律规定，只有本集体经济组织的成员才能依法享有取得宅基地的权利。

《中华人民共和国土地管理法》第六十五条规定：有下列情形之一的，农村集体经济组织报经原批准用地的人民政府批准，可以收回土地使用权：

（一）（镇）村公共设施和公益事业建设，需要使用土地的；

（二）不按照批准的用途使用土地的；

（三）撤销、迁移等原因而停止使用土地的。依照前款第一项规定收回农民集体所有的土地的，对土地使用权人应当给予适当补偿。

国家土地管理局1995年发布的《确定土地所有权和使用权的若

干规定》规定，农村集体经济组织应当将下列宅基地收回：

（一）空闲宅基地；

（二）房屋坍塌两年以上未恢复使用的宅基地；

（三）房屋拆除两年以上未恢复使用的宅基地。

本案中，宅基地使用权作为一项特殊的物权，与农民个人的集体组织成员资格密切相关。虽然陈某的父母在申请宅基地建房时陈某的户口没有迁出，但陈某于1986年考上大学时，其户口随之迁出，王某的妹妹出嫁户口也迁出，那么他们的宅基地使用权资格也随之消灭，而陈某父母去世后，他们的土地使用权也因其死亡而消灭。所以，不管是陈某还是其父母，都不再是原宅基地使用权的主体。根据我国现行法律规定，基于身份关系无偿从村集体经济组织获得的宅基地使用权，应作为一种特殊物权，不能作为遗产继承。另外，陈某的父母相继去世后，老宅已无人居住达两年以上，加之房屋垮塌毁损也已达两年以上，所以，法院判决陈某将该宅基地使用权返还给村委会是正确的。

>>经典案例二

张某某是B市某县陡门乡朱庄村村民，现在使用的宅基地是其祖籍的老宅基地，宅基地上的房屋至今已有六七十年的时间了，房顶已经坍塌，用石棉瓦搭盖。该宅基地坐北朝南，东临路，西、北为邻居，南北长6米，东西宽8米。张某某有一儿子张某，两个孙子张甲和张乙。1996年，张某某的两个孙子张甲和张乙均准备结婚分户，但老宅面积太小，便于1997年向村民委员会申请了两处宅基地建房，张某和张乙共用一处，张甲一处。张某某由于年事已高，没有独立生活能力，村民委员会为其办理了低保。张某某与儿子张某之间一直存在矛盾，其生活都是由孙子张乙照顾。现张某某居住的老房已破败不堪，随时都有倒塌的危险，张乙便决定出钱拆旧建新让张某某居住。

2006年，张乙将地基垫高。2007年，张某因意外去世。2008年10月，张乙开始施工建房，建房前并没有通知村民委员会。在建房过程中，陡门乡朱庄村民委员会进行了阻止，还将已经垒好的墙推倒了。双方发生纠纷，张某某便将村委会诉至法院。

原告张某某诉称，陡门乡朱庄村民委员会行为严重侵犯了他的合法权益，给他造成了很大的经济损失，请求法院判令陡门乡朱庄村民委员会停止侵权，不得阻止自己建房，并赔偿损失1万元。

被告村委会辩称，张某某的儿子张某在2007年去世，村里分给张某的宅基地理应收回，所以张某某家的宅基地超标，不符合政策规定，所以村委会有权收回该宅基地。

法院经过审理，对原告张某某的诉讼请求予以支持。

>>律师在线

本案涉及的法律问题是：村民委员会阻止张某某建房的行为是否有法律依据，村委会有权收回张某某儿子的宅基地吗?

宅基地具有无偿性、福利性和限制性等特点，农村宅基地的所有权归集体经济组织，使用权归农村居民，即集体经济组织内的成员。所以，宅基地使用权是集体经济组织成员享有的权利，与其特定身份密切相关。宅基地使用权是农村集体经济组织成员享有的权利，与享有者特定的身份相联系，非本集体经济组织成员无权取得或变相取得。

《中华人民共和国土地管理法》第六十二条规定："农村村民一户只能拥有一处宅基地，其宅基地的面积不得超过省、自治区、直辖市规定的标准。农村村民建住宅，应当符合乡（镇）土地利用总体规划，并尽量使用原有的宅基地和村内空闲地。农村村民住宅用地，经乡（镇）人民政府审核，由县级人民政府批准；其中，涉及农用地的，依照本法第四十四条的规定办理审批手续。农村村民出卖、出租住房后，再申请宅基地的，不予批准。”《B 市实施（土地管理法）办法》第三十九条规定：“农村村民新建住宅，应当在原宅基地内安排，原宅基地无法安排的应当充分利用村内空闲地或者其他土地，严格控制占用耕地。农村村民的子女达到法定结婚年龄，无房分居，现有宅基地又无法扩建的，方可申请宅基地。”第四十条规定：“农村村民宅基地的标准，近郊区以及远郊区人多地少的地区，每户不得超过 0. 25 亩，其他地区每户不得超过 0. 3 亩。具体标准由区、县人民政府规定。原有宅基地超过规定标准的，超过部分按照乡（镇）村建设规划逐步调整。”

根据《中华人民共和国土地管理法》以及 B 市的法规，我们对本案进行简单分析：

（1）村民委员会将张某某已经垒好的墙推倒，行为不妥当。张某某现在居住的宅基地是其祖籍的老宅基地，权属没有争议，边界也没有纠纷，其取得宅基地行为合法有效，在自己宅基地上建房也是有法律依据的。虽然他建房前没有通知村民委员会，也没有办理相关手续，但村民委员会不是行政执法机关，无权对张某某的建房行为采取强制拆除措施。

（2）陡门乡朱庄村民委员会以张某某的儿子张某死亡，张某的宅基地应该被村民委员会收回为由，阻止张某某建房也是没有法律依据的。宅基地是按户分配的，各户分配的宅基地在法律权限上是相对独立的。张某某、张某、张甲的宅基地不管是自然属性还是法律属性都是各自分开、各自独立的。村民委员会即便是有权收回宅基地，收回的也应该是张某某儿子张某的宅基地，而不是张某某的宅基地，况且村民委员会也无权收回。

（3）虽然张某已经去世，但是张某与张乙都属于“户”里面的成员，张乙还依然健在，作为家庭，也就是“户”还存在，该户自然能够拥有先前分配的宅基地。所以，村民委员会无权收回分配给张某的宅基地。

综上所述，村民委员会的行为对张某某建房构成了侵权，应当承担民事赔偿责任。法院对张某某的诉讼请求予以支持是恰当的。

但是需要注意的是，张某某虽然可以在自己的宅基地上建房，但应该遵循相关法律规定的程序，不能随心所欲，想建就建。倘若在没有办理相关审批文件，没有获得相关证明和土地管理部门的许可的情况下建房，那么这种建房行为就属于违法行为，情节严重的会受到行政处罚。

宅基地使用权的收回和灭失是否相同?

>>经典案例

蒋某是某市郊 A 村村民。2003 年，蒋某在本村申请取得一处宅基地，并在该宅基地上建起了四间房屋。2008 年 6 月，B 村小学招生人数不够，上级教育主管部门便决定将 B 村的学生全部移至 A 村教学，以节省教育成本，A 村与 B 村相邻。这样，A 村小学就面临着改扩建的问题。但 A 村小学扩建需要占用蒋某的宅基地，所以，A 村村民委员会向镇土地管理机构提出申请，请求收回蒋某的宅基地使用权。经县土地行政主管部门审查，县人民政府批准 A 村村委会的请求。A 村村委会的代表找蒋某协商，对蒋某宅基地上的建筑物给予一定的补偿款，并重新划分一处宅基地给蒋某。A 村村委会与蒋某就补偿和重新划分宅基地问题达成一致协议。

赵某与蒋某平日里经常相互走动。2008 年 8 月期间，气候异常，该市连降暴雨，冲毁冲垮了房屋堤坝，给当地居民造成了严重的经济损失。赵某的房屋建在A村的低洼处，并且离一处水库不远，随着水库水位的不断上涨，赵某的房子地基泡在水里，随时都有垮塌的危险。又过了几个月，赵某见房屋处水位一直没有下降。并且据当地水文专家考察后认为，由于连降暴雨，导致水库改道，以后水位都难以下降。所以，赵某决定重新建房，向A村村委会提出申请，村委会重新批给他一块宅基地。赵某在知道蒋某因为宅基地被收回得到了补偿款，赵某便也要求村委会补偿其搬迁的经济损失。村委会认为赵某的要求没有法律依据，便拒绝给付。双方争执不下，赵某便把A村村委会告上了法庭。

原告赵某诉称：我村蒋某宅基地更换时获得了村委会给付的经济补偿。而我也是宅基地更换，并且我建的房子比蒋某的还要好。为什么蒋某能得到经济补偿，而我却得不到，我认为这是非常不公平的，请求人民法院判令村委会给予我直接经济损失30 200元，这个数字是该市相关行政部门洪灾统计部门得出的，我认为是科学的、权威的。

被告A村村委会辩称：我们认为，宅基地使用权的收回和灭失是不同的，收回是基于明确的法律规定来进行的，但原告赵某的宅基地更换是出于天灾，是不可预料、不可避免的意外事件，属于自然灭失。村委会不应该承担相应责任。

法庭经过审理，根据《中华人民共和国物权法》第一百五十三条、第一百五十四条，《中华人民共和国土地管理法》第六十五条及某省宅基地管理办法，作出如下判决：原告赵某要求村委会赔偿经济损失的诉讼请求没有法律依据，驳回原告赵某的诉讼请求。

>>律师在线

《中华人民共和国物权法》第一百五十三条，宅基地使用权的取得、行使和转让，适用土地管理法等法律和国家有关规定。

《中华人民共和国物权法》第一百五十四条，宅基地因自然灾害等原因灭失的，宅基地使用权消灭。对失去宅基地的村民，应当重新分配宅基地。

《中华人民共和国土地管理法》第六十五条，有下列情形之一的，农村集体经济组织报经原批准用地的人民政府批准。可以收回土地使用权：

（一）为乡（镇）村公共设施和公益事业建设，需要使用土地的；

（二）不按照批准的用途使用土地的；

（三）因撤销、迁移等原因而停止使用土地的。

依照上述第（一）项规定收回农民集体所有的土地的，对土地使用权人应当给予适当补偿。

《某省农村宅基地管理办法》第十二条，下列宅基地的使用权，由村民委员会向乡（镇）土地管理机构提出申请，经县（市）土地行政主管部门审查、县（市）人民政府批准后，可以收回：

（一）为实施村庄和集镇规划进行旧村改造需要调整的宅基地；

（二）为进行乡（镇）村公共设施和公益事业建设需要占用的宅基地；

（三）农村村民一户一处之外的宅基地；

（四）农村“五保户”腾出的宅基地；

（五）自依法批准之日起连续两年未按照批准的用途使用的宅基地；

（六）县（市）人民政府规定应当收回的其他宅基地。

依照上述第（一）项、第（二）项和第（三）项规定收回宅基地使用权的，村民委员会应当根据地上附着物的评估价格对原宅基地使用权人给予适当补偿。

在本案中，某市A村收回蒋某的农村宅基地使用权，用作A村小学的教学工程改扩建用途，同时对蒋某宅基地上的建筑物给予了一定的经济补偿，无论在实质内容还是程序上均符合法律规定。收回农村居民的宅基地，必然会给农村居民的生产生活带来一定的影响，政府给居民带来的不便利必须要给予居民适当的经济补偿。

《中华人民共和国物权法》第一百五十四条规定：宅基地因自然灾害等原因灭失的，宅基地使用权消灭。对失去宅基地的村民，应当重新分配宅基地。第一百五十五条规定：已经登记的宅基地使用权转让或者消灭的，应当及时办理变更登记或者注销登记。

而A村村民赵某的宅基地因自然原因灭失的，这种情况下，村委会应该依法对赵某重新分配宅基地。因为宅基地是农村居民安身立命之本，没有宅基地，农村居民就没有生产生活的保障。洪灾并不是出于一种政府行为，所以政府并不应该承担对赵某补偿的责任。但是，赵某是可以申请政府对其进行救助的，政府也应该承担起救助责任。

我国有法律条文规定，宅基地因自然灾害等原因灭失的，宅基地使用权消灭。对失去宅基地的村民，应当重新分配宅基地。这主要包括两个层次：

1. 重新分配宅基地的客观原因是自然灾害导致宅基地的灭失

从物理属性上来说，土地是不可能消灭的。但从用途角度上来说，自然灾害等原因可能使土地不再适用某种用途，比如由于河流改道，原来的住宅和宅基地就有可能完全被淹没；又比如由于山体滑坡，原来住宅所在的土地不能再用来建房居住。当这类自然灾害发生时，原有宅基地不可能再用于建设住宅，必须对丧失居住条件的集体经济组织的成员提供新的宅基地以维持其生产生活。

2. 可以享受重新分配宅基地的权利人应当是因此而丧失宅基地的集体成员

宅基地使用权不能流转到集体经济组织之外，也不能无限扩大，变相侵占集体土地，特别是耕地。因此，因自然灾害等原因重新分配宅基地时，应当按照相关规定的标准给予仍然属于本集体经济组织且丧失基本居住条件的村民。对于多占宅基地的情况，要予以纠正，即使因自然灾害等原因灭失，也不得再重新分配。

从本案中，我们可以发现宅基地的收回和灭失都会发生宅基地重新发放的结果，但其实质却是不一样的。因此，我们在对宅基地纠纷案例进行分析时，必须要把握住宅基地纠纷案例中宅基地使用权的收回和灭失有什么不同。其不同大体可以分为以下几点：

1. 农村宅基地使用权的收回和灭失发生情形不同

法律对农村宅基地使用权的收回规定了多种情形，也就是说，只有在法定的情形下才可能发生宅基地的收回，其他任何人不得以任何理由收回村民的宅基地；而农村宅基地使用权的灭失，通常只基于法律规定的因自然灾害等原因导致农村宅基地使用权客观事实上已消失的情形。

2. 农村宅基地使用权的收回和灭失的法律后果不同

在农村宅基地使用权被收回以后，可能发生给村民重新分配宅基地的情况，也可能不会发生。倘若是村民多占有宅基地，村委会收回，就不会发生给村民重新分配宅基地的情况；如果是农村宅基地使用权的灭失，则必然发生给村民重新分配宅基地的情况。

3. 农村宅基地使用权的收回和灭失是否会发生补偿不同

农村宅基地使用权的收回，根据收回发生的原因情况，可能对宅基地使用权人的地上建筑物进行补偿。但农村宅基地使用权的灭失是不会发生补偿问题的。

打工农民在城市购房落户致使自家宅基地被收回怎么办?

>>经典案例

徐某是某村的一个村民。1994 年，徐某与本村的几个村民一起到某市的一个工厂打工。由于工作表现突出，徐某的职位接连被提升，工资也随之增长了很多。徐某的腰包越来越充实，生活越过越好，他心里就产生了在该市买房的想法。2005 年 8 月，徐某在该市内买了一套住房。2007 年，徐某的父母相继去世。为了小孩的上学，他的妻子和孩子于 2009 年也搬到了该市的新房居住，一家人的户口也随之一并迁到了该市。在市里居住了几年，徐某感觉还是住在农村比较惬意，便打算将自己在老家的房子进行翻修，以便日后居住。但是，徐某从同村村民那里得知，自己在老家的房屋宅基地已经被该村村集体收回，于是徐某向村集体申请，希望能够重新取回该宅基地使用权，用来建新的住宅，却遭到村集体的拒绝。双方发生纠纷，李某不服，便将村集体诉至法院。

>>律师在线

本案涉及的法律问题主要是：徐某是否有权重新申请取回宅基地使用权?

根据《中华人民共和国物权法》的规定，农村宅基地使用权是我国特有的一项独立的用益物权，是农村居民在依法取得的集体经济组织所有的宅基地上建造房屋及其附属设施，并对宅基地进行占有、使用和有限制处分的权利。

宅基地使用权不同于国有建设用地使用权，它是没有期限限制的，所以在一般情况下，宅基地使用权不会被收回。宅基地使用权由农民以户为单位享有，只要农民家庭成员延续作为集体成员，那么即便是该户只剩下一个人是集体成员，该户就依然存在，该户也就永久地享有宅基地的使用权。但是，如果“户”消失了，那么宅基地使用权也就会随之终止，宅基地就应当由所在集体收回。

所谓宅基地收回，是指对不符合宅基地使用条件的宅基地使用权人使用的宅基地，经具有批准权的人民政府批准，由所在集体收回的制度。《农村宅基地管理办法》第十八条规定：“农村村民一户只能拥有一处宅基地。有下列情形之一的，由村集体依法收回宅基地使用权：

（一）一户超过一处以上的宅基地；

（二）经批准新划宅基地后原有的宅基地；

（三）户口已迁出本村且已不居住的宅基地；

（四）集体供养的五保户腾出的宅基地；

（五）其他应当收回的情形。”

第二十条规定：“对收回的宅基地，村民委员会应依法办理集体土地使用权注销登记手续”。

从上述规定可知，本案中的徐某是没有权利重新取回宅基地使用权的，当地村集体部门收回徐某家的宅基地使用权的行为是合法的。

根据《农村宅基地管理办法》第十八条的规定，农村村民户口已迁出本村且已不居住的宅基地，村集体有权依法收回宅基地使用权。本案中，徐某已经在其打工所在的城市买房居住，并且他全家的户口也已经迁到该市，因此，徐某丧失了他在老家的宅基地使用权。所以徐某没有权利重新取回宅基地使用权，法院对徐某的诉讼请求应当不予支持。

随着农村劳动力向城镇转移步伐的加快，农村居民在城市买房落户的现象也越来越普遍。有的农村居民在习惯了城市生活后，就不愿再回到农村，于是便将自己在农村的房屋或宅基地出卖，或者将宅基地退还给集体组织，这有利于农村土地资源的节约。但是，需要注意的是，农村居民一旦在城市落户了，自己在农村的宅基地就会被集体经济组织收回，若是再想回到农村老家居住生活就将无房可住。因此，在处理自己农村住房时一定要慎重。

你问我答

问：什么是农村宅基地的置换？

答：目前，我国现行法律并没有明确禁止农村宅基地使用权的流转，所以，近年来一些地方进行了关于宅基地使用权流转的试点工作。从试点情况看，有宅基地的置换、宅基地可以在本集体经济组织内部流转，以及因为房屋的转让和抵押所导致的宅基地流转等方式。目前农村宅基地使用权的流转主要集中在农村宅基地的置换方面。

由于目前还未有规范和调整农村宅基地置换的法律，所以也就无法对农村宅基地的置换给出一个法定的定义。根据对各地所进行的宅基地置换试点模式的分析，农村宅基地的置换目前主要有以下两种方式：

（1）在土地利用总体规划的范围内，为了节约和集约用地，促进自然村落适度撤并，引导农民住宅相对集中建设，将农村传统的和比较分散的宅基地置换出来，重新在农村所有的土地上集中划分宅基地建造中心住宅区。

（2）在政府的推动下，将自然村落进行撤并，按照自愿的原则，农民根据所拥有的房屋面积的大小，可以选择在城镇置换相同面积的房子，也可以不选择置换房产，而选择货币安置，或者在本地政府集中统一规划的地方重新建造房子，建房费用由政府补贴。

由于宅基地的置换并没有导致宅基地使用权的流转，因此，宅基地的置换并不是严格意义上的宅基地的流转。

问：农村宅基地能用于抵押、用于投资吗？

答：农村宅基地的唯一用途是建造农村住宅，超过一个用途之外均是法律所不允许的。因此，农村宅基地不能用于抵押，也不能用于投资，换句话说，农村村民不能利用宅基地盈利。《中华人民共和国物权法》第一百八十四条规定了“土地所有权不得抵押，耕地、宅基地、自留地、自留山等集体所有的土地使用权不得抵押”。如果宅基地使用权进行了抵押，则可能出现城镇居民拥有农村宅基地的情况，这与当前的政策“城镇居民不得购置农村宅基地”相违背。并且，宅基地主要是作为生活资料提供的，所以权利人不能将宅基地作为生产资料用于投资，比如将宅基地投资建厂或者改为鱼塘等。综上所述，农村宅基地不能用于抵押，也不能用于投资。

问：农村居民使用的宅基地能否自由买卖？

答：宅基地所有权归集体所有，公民只享有使用权，因此宅基地不能自由买卖。必须明确，日常生活中所谓的“宅基地转让”实质上是宅基地使用权的转让，而并不是所有权的转让，宅基地所有权仍然归国家集体所有。宅基地使用权可否转让，视以下情况而定：

（1）村民的宅基地因某种原因处于闲置状态时，不得转让，应由村集体收回统一安排使用。

（2）村民宅基地建有房屋时，该宅基地可以随所建房屋一并转让，但受让方必须是本村或本乡的农业人口。同时，村民转让房屋后，再申请宅基地的，不予批准。

问：宅基地可以继承吗？

答：在我国，房屋所有人对宅基地只有使用权，没有所有权。村民的宅基地所有权属于集体。根据《中华人民共和国物权法》第六十条的规定，属于村民集体所有的土地，由村集体经济组织或者村民委员会代表集体行使所有权。另外，谁对房屋拥有所有权，就意味着对宅基地拥有使用权。因此，宅基地不能作为遗产继承，但建造在宅基地上的房屋产权应归公民所有，可以继承。根据“地随房走”的原则，房屋继承人可以根据房屋所有权的变更而继续使用宅基地。

此外，房屋的继承和其他遗产继承一样，首先要看是否有遗嘱，如果遗嘱有效存在，那么先按遗嘱的内容分配。如果没有遗嘱，则按照法定继承顺序分配遗产。

问：宅基地是否可以转让？

答：按照我国有关的法律、法规和政策规定，农村村民的宅基地，归集体所有，由农村村民各户长期使用，宅基地使用权不得单独转让。禁止农村宅基地使用人采用出租、出卖、抵押或宅基地入股搞联营等方式转让空闲宅基地。当事人之间转让空闲宅基地的任何协议均属无效行为。

问：宅基地使用权的转移不经变更登记具有法律效力吗？

答：《土地管理法实施条例》第六条规定，农村村民买卖、转让或者继承房屋后，必须向土地所在地的县级以上人民政府土地行政主管部门提出土地变更登记申请，由原土地登记机关依法进行宅基地使用权变更登记。

宅基地使用权的转移不经变更登记，是没有法律效力的。如果不按照上述规定办理宅基地使用权变更登记手续，其宅基地使用权的转移就属于不合法行为，不但不受法律保护，而且还要承担相应的责任。

问：村民继承了父辈遗产，就能拥有两块宅基地吗？

答：目前对农村房屋继承没有出台具体规定，但根据《中华人民共和国土地管理法》的立法精神，一户只能拥有一处宅基地，且面积不得超过省、自治区、直辖市的规定。

本村村民因继承取得多处住宅的，村民可以出卖多余的房屋，也可以维持原状自住，但不得翻建继承房屋。房屋损坏后其宅基地应当依法收回。

问：村民子女已经转为城镇户口，其父母去世后，宅基地使用权该如何处理?

答：子女已转为城镇户口，在农村的父母去世后其宅基地使用权应当交还农村集体经济组织。如果房屋还存在的，其房屋是个人私有财产，宅基地允许房屋继承人继续使用。如继承人要求处理房产，可以采取以下做法：

（1）自行拆除房子，获取建筑房子的材料；

（2）将房屋折价给土地所有人；

（3）将房屋出售给有准住户口，需要用地建房或者没有达到宅基地使用面积的当地村民，并到县级土地管理部门办理土地使用权变更手续。

问：宅基地使用人转为城市户口的，其宅基地使用权随之消除吗?

答：根据《中华人民共和国土地管理法》第六十五条的规定，有下列情形之一的，农村集体经济组织报经原批准用地的人民政府批准，可以收回土地使用权：

（一）为乡（镇）村公共设施和公益事业建设，需要使用土地的；

（二）不按照批准的用途使用土地的；

（三）因撤销、迁移等原因而停止使用土地的。

依照前款第（一）项规定收回农民集体所有的土地的，对土地使用权人应当给予适当补偿。

根据法律的相关规定，只有农村集体的成员才能取得宅基地使用权。这是因为宅基地使用权具有保障农民获得适宜居住条件的社会福利性质，而取得这一福利的基本条件就是申请人必须是农村集体的成员。当农村居民由于工作等原因转为城镇居民后，因为其已经不是农村集体成员，自然也就不能再享有宅基地使用权。

但在现实生活中，由于在宅基地上建设的房屋属于私人的财产，所以不能如此简单处理。在《中华人民共和国物权法》已经明确保护私人财产的现实下，不能仅仅因为某人由农村户籍转为城市户籍就否定该人对其房产的所有权。所以，如果宅基地上已经建筑了房屋，那么在房屋所有人转为城市户籍后，他仍然对其房屋享有所有权。但是，如果该块宅基地上并没有建设房屋，那么在宅基地使用权人转为城市户籍后，集体组织就有权收回该宅基地使用权。这也符合《中华人民共和国土地管理法》第六十五条“因撤销、迁移等原因而停止使用土地的农村集体组织在履行适当程序后，可以收回土地使用权”的规定。但是需要注意的是，只有停止使用土地的，农村集体组织才可以收回土地使用权。而在宅基地上建有住房的情况下，对宅基地的使用处于持续状态，因而农村集体组织自然不能收回宅基地使用权。

问：宅基地什么时候会被收回？宅基地因自然灾害等原因灭失的该怎么办？

答：根据《确定土地所有权和使用权的若干规定》第四十三、五十二条规定，空闲或房屋坍塌、拆除二年以上未恢复使用的宅基地，不确定土地使用权。已经确定使用权的，由集体报经县级人民政府批准，注销其土地登记，土地由集体经济组织收回。

《中华人民共和国物权法》第一百五十四条规定，宅基地因自然灾害等原因灭失的，宅基地使用权消灭。对失去宅基地的村民，应当重新分配宅基地。已经登记的宅基地使用权消灭的，应当及时办理注销登记。

第五章 房屋的赠与、继承和抵押

宅基地上房屋遗嘱继承和遗赠具有法律效力吗？

>>经典案例

2008 年 1 月 16 日去世的胡某与 2007 年 2 月去世的周某是结婚多年的夫妻，两人 1980 年结婚，1981 年生有一子胡佳。胡某和刘某去世时留有北京市海淀区某镇某村某号院房屋北房七间、南房六间、东房两间、西房两间，其中，北房与东房建于胡某、刘某夫妻关系存续期间，建成后胡某家庭成员一起在里面居住。南房六间、西房两间系胡某 2007 年 5 月在周某去世后与刘某相识前所建。2007 年 8 月，胡某与刘某经人介绍认识后，互相了解了一段时间，马上确立了恋爱关系，同年 9、10 月间并未办理结婚登记手续的两人开始同居。

2007 年 10 月 20 日胡某作出身后房产处置书，内容为："户主：胡某，现父子两代居住。有大小房间十七间，分别是于 1987 年建的五间北房、2002 年 4 月建的两间北房、两间东房、2007 年 6 月建的南房与西房八间以及院落所占面积等。按规定，现在胡佳应有不足一半财产，为以后财产明确，我的财产一部分归胡佳，加之胡佳应有一部分，胡佳占总资产一半为限。其余一半胡佳不参与继承，由我妻子刘某晚年生活所有，其他人无权干涉，属于晚年不尽之财产，由她自行处置。此文件不变更，不立其他文件，以此为证。”张某和王某作为胡某写身后房产处置书时的见证人，一直在场。在房产处置书上，胡某和两位见证人也分别签字并按了手印。

胡佳认为，刘某并未与其父胡某办理结婚登记手续，且某村某号院房屋财产属家庭共有财产，故该遗嘱应属无效。刘某现在在某村某号院强行居住是没有道理的，而且是对他合法权益的一种侵害，其正常生活秩序和家庭人身财产安全也会受到干扰。为维护自身的合法权益，依据相关法律规定诉至法院，请求判令胡某作出的某镇某村某号院房屋财产遗嘱无效。

受理本案的法院查明上述事实后，经审理认为，公民是有权依照法律对自己死亡后的个人财产进行分配的，就个人财产的处分遗嘱或遗赠优先于法定继承。依据《中华人民共和国继承法》第三条、第五条的规定，作出了驳回胡佳要求判令刘某持有胡某房屋财产遗嘱无效等诉讼请求的判决。

>>律师在线

本案涉及的法律问题主要是：宅基地上房屋遗嘱继承和遗赠是否有效。

依据我国法律规定，宅基地的所有权和使用权是分离的，宅基地的所有权属于村集体，使用权属于村民，农村村民的宅基地使用权是基于“村民”的特定身份取得，村民只有宅基地使用权，不能随意对宅基地进行处置。所以宅基地不属于遗产，不能被继承。如果允许继承，将导致宅基地无限扩大，违背了《中华人民共和国土地管理法》关于一户只能拥有一处宅基地的有关规定。

但建造在宅基地上的房屋属于公民个人所有，可以继承。根据《中华人民共和国继承法》第三条第三款的规定，公民的房屋可以作为法定遗产处理，可以继承；公民继承了房屋，宅基地的使用权也就随着房屋而转移给新的所有人，这是具体执行国家关于“地随房走”的有关政策法规，而不是继承的结果。原国家土地局关于《确定土地所有权和使用权的若干规定》第四十九条规定：继承房屋取得的宅基地，可确定集体土地建设用地使用权。但是在特殊情况下，根据“地随房走”的原则，继承人对宅基地上的所建房屋的继承会导致其对宅基地的继承。

结合本案情况，胡某把继承其妻子周某的遗产和他自己所建盖的房屋的面积加起来，应占份额超过该院房屋的一半。在此情况下，胡某作出身后房产处置应属于对其个人财产之处分。因刘某并未与胡某办理结婚登记手续，因此，胡某属于遗赠性质的处置行为，其法律效力是不会因为刘某没有与胡某办理结婚登记手续而丧失的。法院对本案的处理是恰当的。

遗赠供养协议具有法律效力吗?

>>经典案例

张大发，一位“标准的孤寡老人”，家住在大河村。没有生育子女的他，两个养女又全在外地，所以这么多年来，一直在一栋 200 余平方米的老宅子里孤身住着。

2006 年 4 月，张大发在 80 岁高龄之际，与城镇好心人吴默签订了一份《遗赠供养协议》。双方约定：张大发由吴默“养老送终”，在张百年之后，将赠给吴默房子作为回馈。吴默在张大发 2010 年 9 月去世后，根据协议接管了房子。然而，此事被张大发两个养女得知后，引发了一场纠纷。张大发的养女认为，养父生前自己去看望过，自己是养父的合法继承人；吴默认为，自己与张大发签订的《遗赠供养协议》是经过公证的，具有法律效力，所以自己应该拥有房子。在村民委员会多次调解无效的情况下，张大发的两个养女将吴默告上了法庭。

>>律师在线

这起纠纷是由孤寡老人将农宅赠给城镇好心人引发的，“遗赠供养协议有没有法律效力?”“吴默可不可以处分该房子?”是案件的焦点。要想弄清楚这些问题，我们要看看什么是遗赠供养协议，也要通过法律对城里人处分农村房子的规定一一弄清楚。

遗赠供养协议，是指遗赠人与扶养人之间所订立的有关遗赠和扶养关系的协议。依据该协议，扶养人承担对遗赠人生养死葬的义务，并在遗赠人死后取得受遗赠的财产，遗赠人享受扶养人的扶养，在其死后将遗产赠给扶养人。本案中，案情还是很清晰的，因为是张大发老人的房子，所以房子的所有权归他所有，所以自己的财产当然也可以自己处理，而且他与吴默签订的遗赠供养协议符合继承法的规定，具有法律效果，故吴默可以取得该房子的产权。

城镇居民能不能继承农村住宅是本案的第二个争论点。继承财产是农村的农宅，但继承人却是城市居民。我们知道，继承人有权继承被继承人的合法财产包括：公民的房屋、储蓄和生活用品。所以，不管是在农村集体土地上的房屋还是城市国有土地上的房屋，继承人都有继承的权利。继承开始后，继承人对继承的房屋享有所有权。也就是说，本案中吴默可以合法继承该房产。但是由于该房屋的特殊性质以及继承人的居民身份，吴默只有继承该房屋的所有权的权利，但不能继承该房屋宅基地的使用权。因为根据《中华人民共和国土地法》等法律的相关规定，宅基地只能由集体组织的成员——村民经申请获得批准使用，享有使用权。而吴默的身份不具有这一权利，但是作为被继承人的合法财产，房产本身是可以由被继承人进行继承的。但对宅基地，吴默只有在房屋的寿命期内有使用权，没有所有权。值得注意的是，吴默还不可以翻盖或者重建、改建继承的房屋。但如果是用来作为出售、自住等还是可以的。

随着农村劳动力流动的加快，部分农民在城里有了房，为了节约资源，有的农民在城市购房后，会将农村原有的住房出售给城里人或本集体经济组织的成员，这本身是没错的。但是需要注意，法律是禁止城镇居民在农村购置宅基地的。即便城镇居民现在买到了房屋，想再出售或重建也是不可以的。

村民将农村房屋赠与城镇居民的行为有效吗？

>>经典案例

北京市丰台区某村村民金某于 1994 年 12 月 25 日，赠与城市居民史某其位于丰台区某村 341 号房屋。金某出具赠与书，内容为：金某是北京市丰台区某村 341 号院北房五间、东西房各两间、南房两间的产权人，将此十一间房产自愿赠与史某个人。北京市丰台区公证处于 1994 年 12 月 26 日出具公证书，对该协议内容的真实性进行证明，金某在赠与书上盖章。

后金某与史某双方发生争议，金某诉至法院，称史某是城市居民，而该房屋是在农村宅基地上建造的房屋，依照法律规定金某是不能拥有农村宅基地房屋的，请求确认其赠与房屋给史某的行为无效。

被告史某辩称，341 号房屋是金某依法继承取得的，该房屋的处分权应该是他的。因为金某的赠与行为是他真实意思的表示，所以是合法的也是有效的。而且，他与金某之间的赠与行为经过了公证，根据法律规定，经过公证的赠与行为不可撤销。除此之外，他在入住该房屋后，装修了整个房屋。因此金某的诉讼请求，他不同意。

根据查明的事实，法院依法作出金某赠与行为无效的判决。

>>律师在线

本案主要涉及两个方面的法律问题：

1. 农村村民将其农村房屋赠与给城市居民的行为的效力

由于农村的房屋与宅基地使用权的联系十分紧密，处分农村房屋的同时就相当于将农村宅基地使用权也同时处分了。而农村宅基地使用权是与特定的身份相联系的，即只有集体经济组织成员才享有该集体经济组织所有的宅基地使用权。根据《中华人民共和国土地管理法》的规定，宅基地使用权主体为符合宅基地建房申请条件的集体经济组织成员。国务院在 2004 年 10 月 21 号发布的《国务院关于深化改革严格土地管理的决定》中明确规定，禁止城镇居民在农村购买宅基地。本案中，虽然当事人双方有赠与行为，但与买卖形式转让宅基地的行为产生的效果是一样的，作为城市居民的史某，依法没有资格获得宅基地使用权，也就无权取得 341 号房屋的所有权。

金某处分了农村宅基地上建造的房屋的同时也是对宅基地进行了处分，这是对集体经济组织的权益的损害，与相关法律规定相违背。《中华人民共和国民法通则》第五十八条规定：“下列民事行为无效：……（五）违反法律或者社会公共利益的……”《中华人民共和国合同法》第五十二条规定："有下列情形之一的，合同无效：……（五）违反法律、行政法规的强制性规定。"因此，金某的赠与行为是无效的。

2. 经过公证的赠与行为的效力

公证是公证机构根据自然人、法人或者其他组织的申请，依照法定程序证明民事法律行为、有法律意义的事实和文书的真实性、合法性的活动。公证有证据效力、使法律行为生效的效力、强制执行的效力三种基本的法律效力。

《中华人民共和国公证法》第三十六条规定："经公证的民事法律行为、有法律意义的事实和文书，应当作为认定事实的根据，但有相反证据足以推翻该项公证的除外。"该法第四十条规定："当事人、公证事项的利害关系人对公证书的内容有争议的，可以就该争议向人民法院提起民事诉讼。"本案中的公证书由于它的内容与法律关于农村宅基地使用权不可转让给集体经济组织以外成员的强制性规定相违背，所以，其认定事实的证据效力可以推翻，法院不予采信。

本案中，虽然公证机关公证了金某赠与史某房屋的行为，但因与法律的强制性规定相违背，所以其使法律行为生效的效力和证据效力都是不能被采信的，金某的赠与行为自然也就无效。法院对本案的判决是正确的。

继承的房产拆除后还能享有宅基地使用权吗?

>>经典案例

谢某和其叔父都是大东村村民。叔父因为一直无子，所以在谢某叔父的老伴于2006年死后，谢某的叔父就单身一人住在自己的房子里。而谢某育有两个小孩，只有一处宅基地，考虑到自己小孩长大后建房结婚需要，谢某决定和叔父协商，待叔父百年后，取得叔父的房产。在协议中，双方约定：谢某叔父吃喝交由谢某照顾，然后其叔父的房产在叔父逝世后由谢某继承。2008年年底，谢某叔父病故，谢某是其叔父的唯一“继承人”，在谢某办完其叔父丧事后，谢某准备推掉其叔父原来的三间破房子重建时，被乡国土所制止。谢某认为作为其叔父的“继承人”，既然叔父的房产他可以继承，那么推倒叔父的房子再重建也应该可以，他不服乡国土所的决定，遂向某县人民法院提起行政诉讼，将乡国土所告上法庭。

原告诉称：我和我叔父的遗赠扶养协议是在2007年年中达成的，在协议中我们约定：我叔父由我赡养，而且我也要解决平日我叔父的吃喝问题。待我叔父百年后，叔父的房产则归我所有。现在叔父的房子过于破旧，我为了我大儿子结婚，想推倒叔父的房子，再重建个样式新的，但是乡国土所无故阻拦了我的这一行为，我请求人民法院判决把乡国土所的非法决定撤销。

被告乡国土所辩称：根据我国土地管理法，谢某已经拆除了其叔父的房产，其并没有获得相应的宅基地使用权，请求法院裁决将原告的诉讼请求驳回。

法院经过审理，根据《中华人民共和国土地管理法》第六十二条、《中华人民共和国继承法》第三条、《确定土地所有权和使用权的若干规定》第四十九条，认为并未取得其叔父宅基地使用权的谢某，是没有在其叔父宅基地上建房的权利的，故将谢某的请求驳回。

>>律师在线

《中华人民共和国土地管理法》第六十二条第一款，农村村民一户只能拥有一处宅基地。

《中华人民共和国继承法》第三条，遗产是指公民死亡时遗留的个人合法财产。

关于《确定土地所有权和使用权的若干规定》第四十九条，继承房屋取得的宅基地，可确定集体土地建设用地使用权。

本案谢某是否能将其叔父的房子推倒后，重新在叔父的宅基地上建新房子呢？法院形成了三种观点。第一种观点认为宅基地使用权是特殊物权，不能继承，故不能为谢某办理宅基地使用权登记；第二种观点认为谢某的叔父是其赡养的，而且叔父百年后房产应归其所有，是他们双方在遗赠扶养协议中的约定，以地随房走的原则为根据，谢某是享有该处宅基地使用权的；第三种观点认为谢某继承其叔父房屋后取得了宅基地使用权，但其将叔父的房子拆除后，已经不再享有宅基有使用权。

最终，第三种观点被法院采纳了。法院主要是基于对以下几点的考虑，作出的裁决：

（1）农村宅基地不是遗产，故从法律上是不可以继承的；这里所说的宅基地继承，实际上是指宅基地使用权的继承。根据《中华人民共和国继承法》第三条：遗产是指公民死亡时遗留的个人合法财产，但是宅基地的使用权不是一般意义上的"合法财产"。正如前面律师在线中提到的，如果允许具有无偿性、身份性、社会保障性的宅基地被继承，将会使宅基地无限扩大，这与《中华人民共和国土地管理法》关于农民一户只能拥有一处宅基地的有关规定相违背，取得无偿而转手就可以买卖或继承，导致宅基地获得者的利益有可能是违反公平而获得的，最终导致与我国法律特设宅基地使用权的对农民居住的社会保障功能的初衷相违背。据此，农村宅基地不是遗产，故从法律上是不可以继承的。

（2）《中华人民共和国继承法》第三条第三款明文规定，公民的房屋可以作为法定遗产处理，可以继承；公民继承了房屋，宅基地的使用权也就随着房屋而转移给新的所有人，这也只是具体执行国家的行政法规，而不是继承的结果。房屋的所有权和土地的所有权是否可以分离，世界上有两种立法，德国、瑞士的立法仍是目前我国采用的，即“地随房走”，宅基地上所建房屋所有权归宅基地使用权人拥有。原国家土地局关于《确定土地所有权和使用权的若干规定》第四十九条：继承房屋取得的宅基地，可确定集体土地建设用地使用权。但是在特殊情况下，以“地随房走”的原则为依据的话，会导致继承宅基地上的所建房屋的继承人对宅基地的继承，也就是说，继承了房屋的谢某同时连宅基地的使用权也取得了。

（3）谢某将其继承来的房屋拆除后，就失去了宅基地使用权赖以存在的基础。房屋的存在是谢某宅基地使用权存在的前提条件，所以其继承的结果并不是拥有了宅基地的使用权。宅基地使用权只能是集体经济组织考虑到内部成员的生活需要来批准，而不是可以继承的；当他将房屋拆除后，集体就应当收回宅基地，重新对使用人进行安排；假如谢某确实需要宅基地的话，可以通过申请取得。

本案中，谢某继承了叔父房产，根据“地随房走”的原则，谢某相应地获得了其宅基地使用权。不过，谢某一旦将叔父的房子拆除了，他的相应的宅基地使用权也就丧失了。我国农村居民每户只允许拥有一处宅基地，要是谢某的儿子结婚，实在是需要新的宅基地的话，他是可以向其所在的集体经济组织申请的。

这里，我们有必要把农村的房屋与宅基地之间的关系顺带讲一下。

房屋与宅基地既有区别又有联系，宅基地是房屋存在的基本和承载物，没有宅基地，房屋就无法存在，相反，宅基地上没有房屋，那么其存在的目的也就失去，也就不能说是宅基地，而只是一般的土地了，因而两者在空间上是统一的，在法律概念上是一致的，房犀是建筑在宅基地上的房屋，宅基地则是一块土地，而且是以承载住房为目的的，密不可分的二者，共同构成了有联系的整体。

世界上大多数国家的法律对宅基地与房屋之间究竟是什么关系这个问题，都规定了宅基地所有权与地上建筑物所有权的关系一般与主物与从物的原理适用，即地上物从属于土地，地上建筑物不能单独成为所有权的客体。实行房屋、宅基地一致的原则。权利人在将宅基地所有权取得的同时就连地上建筑物所有权也一起取得了。例如德国、法国民法典就有类似的规定。实行宅基地所有权主体同一性原则，可以对房屋与宅基地被人为地割裂而形成的房屋，减损宅基地的价值的行为进行预防。

按照我国法律规定，农村土地属于集体所有。归农民所有只是农民的住房。从这也可以看出，我国农村土地所有权与房屋所有权主题现在的情况就是不是一致的，但农村土地使用权可以依法为农民享有。因此，我国实行了土地（宅基地）使用权与房屋所有权一致的原则，以便对农村房屋转让过程中房屋价值的减损进行防止。不过还要注意的是，《中华人民共和国土地管理法》第六十三条：农村土地使用权除另有规定外，不得单独出让、转让或者出租。

因此，“天权随地权”的情况在我国农村房屋与宅基地关系问题上是不存在的，也就是说地上建筑物，其他附属物的所有权的转让而转移的问题也是不存在的。依照我国法律规定，我国农村房屋，宅基地关系上实行的是“地权随天权”的原则（或“地权随房权”原则），也就是农村村民的房屋归农民所有，村民在依法买卖自己的房屋时，有权将其所使用范围内的宅基地使用权随房屋的转让和房屋一并转移给新主。

但是，当地上房屋作为动产转让时，可以不转让宅基地使用权，因为这时的房屋是被建筑物材料出卖的，房屋材料是可以被这些材料的所有人随意移动而使之与宅基地分离的，由于在这种情况下，权利、义务关系的划分比较清楚，因而没有必要采取房屋、宅基地一致。

尚未建设或正在建设中的房屋能进行抵押吗?

>>经典案例

王某和刘某是从小一起长大的好朋友。2002 年 10 月，刘某建房（经合法审批）过程中，因缺少资金，向王某提出借款 10 万元。一想到这么多年的情分在这，王某很快对刘某的借款请求，表示答应，但王某的老婆觉得这笔钱借出去有很大的风险，要求刘某作为担保。刘某说，他家没有值钱的财产，只能以正在建设中的房屋作为担保。王某想也没有比这更好的方法了，就与刘某签订了抵押协议，而且还到有关部门把抵押物登记也一并办理了。尽管刘某在 2003 年初就建好了房屋，但由于其在生意经营中因意外原因陷入困境。王某觉得他现在是困难时期，上门追债也不好意思，就一直没去。不久前，王某突然听人讲，刘某的另一债权人史某在向刘某追款过程中，与刘某达成了一份还款协议，协议约定，刘某为了抵偿欠史某的债务，将其房屋（已抵押给王某）转让给他，因为房屋价值与债务之间存在差额，史某给刘某付 5 万元弥补。王某老婆听到这一消息后，立马气晕过去。王某登门向史某说明情况时，史某说："房屋还未建成时，你与刘某就签订了这份抵押合同，根本算不上是什么抵押，所以这个抵押合同是无效的，来找我也没用?" 遂不理史某。

>>律师在线

本案涉及的法律问题主要是：史某的说法是否正确？本案的抵押

合同是否有效？

《中华人民共和国担保法》第三十四条规定，下列财产可以抵押：

（1）抵押人所有的房屋和其他地上定着物；

（2）抵押人所有的机器、交通运输工具和其他财产；

（3）抵押人依法有权处分的国有的土地使用权、房屋和其他地上定着物；

（4）抵押人依法有权处分的国有的机器、交通运输工具和其他财产；

（5）抵押人依法承包并经承包方同意抵押的荒山、荒沟、荒丘、荒滩等荒地的土地使用权；

（6）依法可以抵押的其他财产。

由此可见，《中华人民共和国担保法》对正在建造中的房屋可否担保问题未作明文规定。

2000年12月13日起施行的《最高人民法院关于适用（中华人民共和国担保法）若干问题的解释》第四十七条规定："以依法获准尚未建造的或者正在建造中的房屋或者其他建筑物抵押的，当事人办理了抵押物登记，人民法院可以认定抵押有效"。该解释第六十七条规定："抵押权存续期间，抵押人转让抵押物未通知抵押权人或者未告知受让人的，如果抵押物已经登记的，抵押权人仍可以行使抵押权；取得抵押物所有权的受让人，可以代替债务人清偿其全部债务，使抵押权消灭。受让人清偿债务后可以向抵押人追偿。如果抵押物未经登记的，抵押权不得对抗受让人，因此给抵押权人造成损失的，由抵押人承担赔偿责任"。

从本案情况看，刘某向王某抵押借款的是依法获准正在建造中的房屋，而且登记手续也办理了，应认定为有效抵押。刘某与史某的房屋"转让"行为，本质上属一种债务清偿方法，不同于一般意义的房屋买卖转让。作为一般债权人的史某，在债务清偿中，对王某作为抵押权人的优先受偿地位，是无权挑战的。即便将刘某与史某的行为视为一种正常转让，但由于抵押人刘某转让抵押物时未通知王某这个抵押权人，且是已经登记的抵押物，因此王某对该房屋仍可以行使抵押权。除非刘某欠王某的全部债务受让人史某愿代替债务人清偿，否则王某可对房屋拍卖或折价转让后的价款行使优先受偿权。当然，本案如能通过王某与刘某、史某先行协商解决问题最好不过，如果依法协商他们不愿意，那么通过诉讼途径解决也是可以的。

集体所有的土地上的住宅能进行抵押吗？

>>经典案例

2005 年 8 月，村民谢某与中国银行签订了抵押贷款合同，该合同约定中国银行向谢某贷款 4 万元，期限为 5 年，谢某将位于某市郊区的一栋三层住宅楼抵押给中国银行。在申请办理抵押登记时，登记机关审查发现，该住宅已有房产证和土地证，但该住宅楼占用的土地是农民集体所有，遂拒绝登记。后来，中国银行向谢某提出要将抵押贷款合同撤销。

>>律师在线

本案涉及的法律问题主要是：登记机关和银行的做法正确吗？土地属集体所有的住宅能否抵押？

房地产抵押管理目前关于土地属集体所有的住宅方面，还没有明确的法律依据，因此对此也没有依法行政的法律基础的登记机关，不能擅自办理抵押登记。从另一角度看，担保法对抵押财产规定可以是债务人或者第三人的财产，这里的集体所有的住宅，亦可认为是第三人的财产。但是，必须征得第三人的同意，才能用第三人的财产作抵押的，这里先不管能否抵押集体所有的住宅，单就本案中村集体组织并没有表态允许谢某将其住宅拿去抵押并进行登记来看，谢某的做法也是不对的。因此，银行有权将抵押贷款合同撤销，登记机关也有权对登记予以拒绝。

你问我答

问：宅基地上的房屋是否可以自由转让?

答：因为房屋和宅基地是不可分割的，因而对房屋的转让也应当在本集体成员或本集体的企业之内进行限制，这种限制，可以对集体土地的完整性质予以保护。

农村宅基地使用权的转让，应当本着调剂余缺的原则，在本集体内成员之间协议转让，但必须经乡（镇）政府批准，并且出让方不得牟利。

问：农村房产能设定抵押吗?

答：目前，国内关于以上问题的争议比较大。一般的观点是，因农村宅基地属于集体所有，按照土地和房屋不可分的房地产理论，建筑在农村宅基地之上的私有住房亦不能用于抵押。对农村私有住房能否用于抵押这个问题，我国担保法也从未作出过明确规定。担保法第三十四条规定的“可以抵押的财产”虽然包括了“抵押人所有的房屋"，但按照平常的理解，农村房产抵押是不包括在内的，因为这是就城市房屋抵押而言的。

唯一明确规定了农村房产抵押的是司法部 2002 年 2 月 20 日发布的《公证机构办理抵押登记办法》，该办法第三条对担保法第三十四条所称的"其他财产"作了界定，其中就包括了"位于农村的个人私有房产"。这表明，要是想将农村房产用于抵押也是可以的，并且抵押公证登记也可以办理。但是因为该抵押是在有关公证的部门规章里规定的，大多数人不会注意到，所以一般人都仍然受传统观念影响，认为农村房产不能用于抵押。

另外，建设部 2008 年 3 月发布、同年 7 月 1 日起施行的《房屋登记办法》，虽然没有明确规定农村房屋抵押登记，但第九十条规定："办理集体土地范围内房屋的地役权登记、预告登记、更正登记、异议登记等房屋登记，可以参照适用国有土地范围内房屋登记的有关规定"。根据这个，我们认为，在目前的法规里面是可以找到关于农村房产抵押登记的依据的。

从现实情况看，我们的社会正在走向进步，强调缩小城乡差别，发展农村金融，增强农民发展后劲。我们不能因为是无偿取得农村宅基地使用权的，就对私人房屋抵押进行禁止。为什么允许城市居民可以将私人房屋用于信贷抵押呢？同属我国公民不应存在待遇不公的行为。农村土地改革在 2008 年 10 月召开的中共中央十七届三中全会中已定下基调，允许农村土地使用权被允许以多种形式流转成为一个重要的发展趋势将是必然，这也必将对盘活与土地权利相关的农村房产产生影响。

但是，需要注意的是，虽然可以抵押农村个人私有房产，但农村宅基地使用权不能抵押，房产和宅基地使用权这时是分离的，比较特殊。这从《公证机构办理抵押登记办法》可以明确看出来。土地管理法已作了规定，一般情况下不能对农村宅基地使用权设定抵押。所以下列两种做法在公证机构的实际操作中，是错误的：①对抵押权人将农村个人私有房产及宅基地使用权同时抵押约定在《个人借款合同》《抵押合同》及《抵押物清单》上而不予指导修改，或在公证询问笔录中不予说明；②公证机构在抵押登记证书及公证询问笔录中均有对农村个人私有房产及宅基地使用权同时予以抵押登记，特别是在集体土地使用权证上也加盖"公证抵押登记"的印章。

问：房产抵押该怎样进行？

答：抵押，是指债务人或者第三人不转移对财产的占有，将该财产作为债权的担保。债务人不履行债务时，债权人有权依照担保法规定以该财产折价或者以拍卖、变卖该财产的价款优先受偿。

进行房产抵押，首先应由抵押权人（债权人）和抵押人（债务人或第三人）达成协议，签订抵押合同。抵押人可以是债务人，也可以是第三人。第三人用其房屋为债务人进行抵押的，该第三人也称为物上保证人。

根据《房屋登记办法》第四十三条、第四十四条和第九十条的规定，申请房屋抵押权登记，应当提交下列文件：①登记申请书；②申请人的身份证明；③房屋所有权证书或者房地产权证书；④抵押合同；⑤主债权合同；⑥其他必要材料。

对符合规定条件的抵押权设立登记，房屋登记机构应当将下列事项记载于房屋登记簿：①抵押当事人、债务人的姓名或者名称；②被担保债权的数额；③登记时间。

问：我国法律对房屋抵押的标的范围做了哪些规定？

答：按照我国法律的规定，约定抵押权的抵押物，必须是属于抵押人的合法财产，并且必须是权证所指定范围的房屋。

另外，我国对抵押物的范围作了明确规定。根据《中华人民共和国担保法》第三十四条的规定，下列财产可以抵押：

（1）抵押人所有的房屋　它是抵押人依法享有所有权的房屋，

包括：①私有房产。比如，自然人、法人购买的住宅、别墅和其他商品房，城市居民个人建造的房屋，外国人在中国境内个人所有、熟人共有的住宅和非住宅房等；②集体所有房产，如乡镇企业的厂房；③企事业单位投资建构的房屋。比如，企事业单位自建和购买的工商业用房、职工住房等。

（2）抵押人依法有权处分的国有房屋　国有房屋，是指产权属于全民所有的房屋，包括国家确定给国家机关、社会团体、全民所有制企业单位、军队使用的全民所有的房屋。一般而言，使用单位对其占用的房屋没有处分权，但全民所有制企业具有依照法律规定处分的权利，可以用作抵押担保。

按照《中华人民共和国担保法》第三十七条规定，下列房产不得抵押：

（1）学校、幼儿园、医院等以公益为目的的事业单位、社会团体的教育设施、医疗卫生设施和其他社会公益设施　担保法禁止以教育设施作抵押，是考虑到这样可能造成学生失学，影响社会稳定。禁止以医疗设施作抵押，是考虑到可能影响人民看病，不利于人民健康。除学校、幼儿园、医院以外，其他的以公益为目的的事业单位，如博物馆、少年宫、敬老院、工人文化宫等也不得抵押。

（2）所有权、使用权不明或者有争议的财产　用这类财产抵押，不仅会侵犯真正的财产所有者或者使用权人的合法权益，而且还会引起矛盾和争议，使法律关系紊乱，所以必须禁止。

（3）依法被查封、扣押、监管的财产　这类财产会导致抵押权人实现其抵押权时受到限制，并且这类财产处于公权力控制之下，私权利应服从公权力。

问：房产抵押办理登记与不办理登记有什么区别？

答：根据《公证机构办理抵押登记办法》第三条的规定，抵押人所在地的公证机构为登记部门。

根据《公证机构办理抵押登记办法》第三条的规定，农村私有房产在公证机构办理了财产抵押登记的，抵押权人自公证机构出具抵押登记证书之日起获得对抗第三人的权利。另外，《最高人民法院关于适用（中华人民共和国担保法）若干问题的解释》第六十七条也规定，抵押权存续期间，抵押人转让抵押物未通知抵押权人或者未告知受让人的，如果抵押物已经登记的，抵押权人仍可以行使抵押权；取得抵押物所有权的受让人，可以代替债务人清偿其全部债务，使抵押权消灭。受让人清偿债务后可以向抵押人追偿。如果抵押物未经登记的，抵押权不得对抗受让人，因此给抵押权人造成损失的，由抵押人承担赔偿责任。

问：抵押人转让抵押房屋的所有权时，需要提交什么材料？

答：根据《房屋登记办法》第三十三条、第三十四条和第九十条规定，抵押期间，抵押人转让抵押房屋的所有权，申请房屋所有权转移登记的，应当提交的材料包括：

（1）登记申请书；

（2）申请人身份证明；

（3）房屋所有权证书或者房地产权证书；

（4）证明房屋所有权发生转移的材料；

（5）抵押权人的身份证明；

（6）抵押权人同意抵押房屋转让的书面文件；

（7）其他必要权利证书或材料。

问：申请房屋抵押权变更登记时，需要办理哪些手续？

答：房屋抵押权的变更，是指因抵押当事人、债务人的姓名或者名称发生变化，或者被担保债权的数额等发生变化，抵押人与抵押权人对抵押权进行变更。变更以后，应当办理房屋抵押权变更登记。

根据《房屋登记办法》第四十六条和第九十条的规定，申请抵押权变更登记，应当提交下列材料：

（1）登记申请书；

（2）申请人的身份证明；

（3）房屋他项权证书；

（4）抵押人与抵押权人变更抵押权的书面协议；

（5）其他必要材料。

因抵押当事人姓名或者名称发生变更，或者抵押房屋坐落的街道、门牌号发生变更申请变更登记的，无需提交抵押人与抵押权人变更抵押权的书面协议。

因被担保债权的数额发生变更申请抵押权变更登记的，还应当提交其他抵押权人的书面同意文件。

问：主债权发生转让时，转让人和受让人需要对抵押房屋办理何种手续？

答：主债权发生转让的，当事人应当申请办理房屋抵押权转移登记手续。根据《房屋登记办法》第四十七条和第九十条的规定，经依法登记的房屋抵押权因主债权转让而转让，申请抵押权转移登记的，主债权的转让人和受让人应当提交下列材料：

（1）登记申请书；

（2）申请人的身份证明；

（3）房屋他项权证书；

（4）房屋抵押权发生转移的证明材料；

（5）其他必要材料。

第六章 房屋的买卖

城镇居民购买农村小产权房受法律保护吗？

>>经典案例一

2005年11月，马某与母亲吴某起诉至一审法院称：吴某与其丈夫在某市某区S镇某村有五间北房、三间西厢房。2000年，马某的父亲因病去世。2001年6月25日，马某将五间北房和三间西厢房及院落卖给了李某。由于李某不是该村的村民，其无权使用该村宅基地，所以起诉请求确认马某与李某所签房屋买卖协议无效，要求李某返还房屋，马某与母亲吴某同意按有关部门评估的房屋现值退还李某购房价款。

被告李某辩称：双方签订的房屋买卖协议是合法有效的。马某也是城镇户口，他也没有权利使用该村的宅基地，也就没有权利要求退还房屋，况且马某的起诉超过了诉讼时效。所以，不同意马某的诉讼请求。

一审法院经审理认为，原、被告双方签订的房屋买卖协议违反法律、行政法规强制性规定，应认定为无效。被告李某是城镇居民，依法不得买卖农村集体经济组织成员的住房。原告马某要求认定房屋买卖合同无效的诉讼请求，理由正当，证据充分，应予支持。合同无效后，因该合同取得的财产，应当予以返还。原告马某应依照以评估值为准的房产的现值对被告李某进行补偿。而被告李某应当把该房产返还给原告马某。对李某关于马某起诉超过诉讼时效的答辩意见，因合同无效属于自始无效，所以对其抗辩意见不予采信。综上所述，原审法院于 2006 年 6 月作出如下判决：

（1）李某于本判决生效之日起 90 日内，将位于某市某区 S 镇某村的五间北房和三间西厢房及院落腾退给马某。

（2）马某给付李某补偿款 93 800 元，于本判决生效之日起 15 日内执行清。

李某不服，提起上诉，坚持认为自己与马某签订的房屋买卖合同有效，并据此请求撤销原判，驳回马某的诉讼请求。

二审法院经审理查明，马某原是某市某区 S 镇某村的村民，1997 年转为非农业户口，而李某也是城镇居民，其户籍所在地为 H 省某市。双方诉争之房屋原属于马某的父亲继承的祖辈的遗产，1992 年该区土地管理局向马某的父亲颁发了诉争房屋所在院落的《集体土地建设用地使用证》，确认马某的父亲为该宅院的土地使用权人。马某的父亲与吴某系夫妻，两人共生有一子四女，分别为马某、马海芹、马海兰、马海伶、马海明。马某的父亲于 2000 年 9 月去世。

2001 年 6 月 25 日，马某与李某签订《买卖房协议书》，将诉争房屋及院落以 45 000 元的价格卖给李某。《买卖房协议书》中约定："S 镇某村马某与李某协商决定将五间北房、三间西厢房以 45 000 元的价格卖给李某，房屋及院落以上级下发的土地使用权证为准，房款自签字后一次性交清，双方遵守协议"。落款处除有买卖双方签字，还有中证人赵某及代笔人王某签字，并加盖了该村村民委员会的印章。同日，该村村民委员会在诉争房屋所在院落之《集体土地上建设用地使用证》变更记事一栏中记载“马某于2001年6月25日将五间北房、三间西厢房出售给李某使用”。

该协议签订后，李某支付给马某购房款45 000元，马某将房屋及《集体土地建设用地使用证》交付李某。李某搬进居住后对原有房屋进行了装修，并于2002年9月经该村村民委员会批准对三间西厢房进行拆旧建新。

在一审法院审理期间，马某同意按照房屋及添附物的现值返还，并申请对诉争房屋及添附物的现值进行评估。原审法院依法委托该市某房地产评估有限公司对诉争院落内房屋及其地上物的现值进行评估，评估结论为房屋及其地上物在2006年4月20日的价值为93 800元。

上述事实，有双方当事人陈述、户籍证明、集体土地建设用地使用证、买卖房协议书、评估报告等证据在案佐证。

二审法院经审理认为，宅基地使用权是农村集体经济组织成员享有的权利，与享有者特定的身份密切相关，非本集体经济组织成员无权取得或变相取得。马某与李某签订的《买卖房协议书》的买卖标的物其实不只是房屋，还包括房屋所在的宅基地使用权。而李某并不是该村村民，且诉争院落的《集体土地建设用地使用证》也一直没有在原土地登记机关依法进行过变更登记。所以，根据我国现行土地管理法律、法规、政策的规定，原审法院对于合同效力的认定是正确的。二审法院对于上诉人李某关于合同有效的上诉请求不予支持。

合同被确认无效后，因该合同取得的财产就应当予以返还，不能返还或者没有必要返还的，则要折价进行补偿。基于上述合同无效之法律后果处理的一般原则，原审法院判决买受人李某将购买的房屋及院落返还给出卖人马某，出卖人马某将购房款返还给买受人李某是正确的。但买受人李某在搬进该房屋后又自行出资对房屋及院落进行了新建和装修，考虑到李某对于房屋及院落的添附是附和于出卖人马某所有的原物上，不能分离，所以原审法院判决买受人将原物及添附一并返还给出卖人马某，并由出卖人马某将原房及添附部分的价值折价对买受人进行补偿的处理结果也是正确的，法院应予以维持。

考虑到出卖人马某在出卖时明知自己所出卖的房屋及宅基地在禁止流转的范围之内，出卖多年后又以违法出售房屋为由主张合同无效，所以出卖人马某应对合同无效承担主要责任。对于买受人李某信赖利益损失的赔偿，应当全面考虑出卖人马某因土地升值或拆迁、补偿所获利益，以及买受人李某因房屋现值和原买卖价格的差异造成损失两方面因素予以确定。但鉴于李某在一审法院审理期间并未就其损失提出明确的反诉主张，在二审程序中，不宜就损失赔偿问题一并处理，李某可就赔偿问题另行主张。综上所述，根据《中华人民共和国民事诉讼法》第一百五十三条第一款第（二）项的规定，判决如下：

（1）维持某市某区人民法院（2006）通民初字第1031号民事判决第（1）项、第（2）项；

（2）马某与李某于2001年6月25日签订的《买卖房协议书》无效。

评估费600元，由马某和李某各负担一半，于本判决生效后7日内交纳。

>>律师在线

本案涉及的法律问题主要是：小产权房买卖合同是否有效？

根据《中华人民共和国土地管理法》第四十三条，除法律规定的情况外，任何单位和个人进行建设，需要使用土地的，必须依法申请使用国有土地；第六十二条规定，农民集体所有的土地的使用权不得出让、转让或者出租用于非农业建设，并且对农村村民住宅用地也严格限制。所以，城镇居民能够购买的房产仅限于取得《商品房销售许可证》的房地产项目。

此外，国务院办公厅于1999年发布的《关于加强土地转让管理严禁土地炒卖的通知》第二条第二款规定，农村的住宅不得向城市居民出售，也不得批准城市居民在农民集体土地上建住宅，有关部门不得违法为建造和购买的住宅发放土地使用证和房产证。2004年11月，国土资源部《关于加强农村宅基地管理的意见》规定，严禁城镇居民在农村购置宅基地，严禁为城镇居民在农村购买和违法建造的住宅发放土地使用证。

所以，农村村民对宅基地只有使用权，而没有所有权，是农民集体的财产，不能随意处分，城镇居民不能购买，更不能过户。

如果城镇居民购买利用农村集体土地建造的房屋（俗称小产权房），实际也是购买农村宅基地的使用权，城镇居民购买农村宅基地是不受法律保护的。所以买卖利用农村集体土地建造的房屋的合同一般也是无效的，购买者即使付出了相应的对价，对所购买的房屋并不享有产权，对该农村宅基地也没有使用权。

法院在审理过程中既要遵守法律法规、符合国家政策，又要以人为本，保护双方当事人基本的居住生活条件，这不仅有利于社会稳定，还能对当地经济发展和改善民生起到一定的促进作用。对于不同用地性质、不同历史时期建成、不同情况的小产权房要区别对待，包括考虑到把乡镇企业用地、乡村公共利益设施用地上的小产权房与宅基地上的小产权房区分开，把符合城市规划区内的小产权房与规划区外的区分开。

小产权房是我国房地产市场高房价的特点所催生的产物，虽然不合法，但却具有一定的合理性，它能为一部分城镇居民解决迫在眉睫的住房问题。所以，法院在认定小产权房无效的同时，也应当本着客观、公正的原则，既要维护法律的严肃性，也要维护当事人的合法权益。对于出卖人在卖房时明知其所出卖的房屋及宅基地在禁止流转范围之内，出卖多年后又以违法出售房屋为由主张合同无效，应当判决出卖人对合同无效承担主要责任，对于买受人的信赖利益损失有赔偿的义务。

>>经典案例二

原告李某诉称：2001 年 6 月 25 日，我与马某签订了房屋买卖协议。当时约定：由我购买位于 S 镇某村五间北房、三间西厢房及院落，房屋价款为 45 000 元。2005 年 11 月，马某向该区人民法院起诉要求确认双方签订的房屋买卖协议无效，并要求自己返还房屋。2006 年 12 月 17 日，该市第二中级人民法院作出终审判决，确认双方签订的房屋买卖协议无效，我向马某返还房屋，马某向我支付房屋及添附部分价款 93 800 元。当时该判决认定，马某为导致协议无效的主要责任方，应对我的信赖利益损失进行赔偿。现诉至法院要求被告马某赔偿我经济补偿金 480 000 元，并负担本案全部的诉讼费用。

被告马某辩称：我不同意原告李某要求赔偿信赖利益损失的诉讼请求，我认为这是违背事实和法理的，对维护法律的权威及国家土地政策的落实会造成不利的影响，我与李某签订的房屋买卖协议已经二审判决确定无效，根据国家相关法律规定居民不能购买农村房屋，农民只能拥有一处宅基地，我不应该承担赔偿责任。

法院经审理查明：2001 年 6 月 25 日，原告李某与被告马某签订了房屋买卖协议，双方约定马某以 45 000 元的价格将位于 S 镇某村的五间北房、三间西厢房及院落出卖给李某。当天李某便交清了房款，马某交付了房屋。后来，李某搬进该房屋居住，又对该房屋进行了整修，添加了卫生间等附属设施，又对三间西厢房进行了拆旧建新。后来，马某诉至我院要求确认其与李某签订的房屋买卖协议无效，李某腾退房屋。经该市第二中级人民法院终审，判决双方签订的房屋买卖协议无效，李某腾退房屋，马某支付李某房屋及添附部分价款93800元，同时该判决认定马某为导致协议无效的主要责任方，应对李某的信赖利益损失进行赔偿。

另查，经原告李某申请，2007年4月8日，经法院委托，该市某房地产估价有限公司对涉案房屋宅基地区位价值进行了评估，结果为房屋宅基地区位总价为264700元。

上述事实，有房屋买卖协议、集体土地建设用地使用证、房地产评估报告、鉴定费票据、（2006）二中民终字第13692号民事判决书及双方当事人陈述等证据在案予以佐证。

法院经审理认为，合同无效后，因该合同取得的财产，应当予以返还；不能返还或者没有必要返还的，应当折价补偿。有过错的一方应当赔偿对方因此而受到的损失，如双方都有过错，则应当各自承担相应的责任。原告李某与被告马某所签订的房屋买卖合同被法院认定无效后，双方应按照各自的过错程度承担相应的责任。考虑到马某作为出卖人在出卖时明知其所出卖的房屋及宅基地在我国法律禁止流转的范围之内，并且在出卖房屋多年后又以违法出售房屋为由主张合同无效，所以马某应对合同无效承担主要责任。对于买受人李某的信赖利益损失的赔偿，应当全面考虑出卖人因土地升值或拆迁、补偿所获利益，以及买受人因房屋现值和原买卖价格的差异所造成损失两方面因素予以确定。马某出售给李某的房屋及添附部分价值已经法院判决折价对李某进行了补偿。在本案中，对于李某信赖利益损失的赔偿，仅考虑出卖人因土地升值或拆迁、补偿所获利益的因素，参照马某出售房屋宅基地区位总价予以确定。所以，李某要求马某赔偿损失的诉讼请求，理由正当，证据充分，法院应当对其合理部分予以支持。综上所述，根据《中华人民共和国合同法》第五十八条的规定，判决如下：

（1）被告马某赔偿原告李某损失185 290元，于本判决生效之日起7日内执行清；

（2）驳回原告李某的其他诉讼请求。

倘若没有按本判决指定的期间履行给付金钱义务，则应当根据《中华人民共和国民事诉讼法》第二百二十九条的规定，加倍支付迟延履行期间的债务利息。

评估费3 000元，由原告李某和被告马某各负担一半，于本判决生效之日起7日内交纳。

>>律师在线

本案涉及的法律问题主要有以下两个方面：

1. 宅基地房屋买卖合同的效力

宅基地使用权是农村集体经济组织成员享有的权利，与享有者特定的集体经济组织成员身份密切相关，非本集体经济组织成员无权取得或变相取得。对于宅基地的转让，我国法律、行政法规中都有相关规定，其中《中华人民共和国物权法》规定：宅基地使用权的取得、行使和转让，适用土地管理法和国家有关规定。《中华人民共和国土地管理法》第六十三条规定：农民集体所有的土地的使用权不得出让、转让或者出租于非农业建设。《国务院关于深化改革严格土地管理的决定》规定：加强农村宅基地管理，禁止城镇居民在农村购买宅基地。国土资源部有关文件也规定，严禁城镇居民在农村购置宅基地，严禁为城镇居民在农村购买和违法建造的住宅发放土地使用证。2007年12月11日，国务院又专门召开会议，再次强调严格执行土地用途管理制度，城镇居民不得到农村购买宅基地、购买农村住宅。

本案中，原告李某购买被告马某位于某市某区S镇某村的五间北房、三间西厢房及院落，双方还签订了房屋转让协议，该协议中的买卖标的物虽然是房屋，但房屋与宅基地具有客观的不可分性，宅基地使用权是农村集体经济组织成员享有的权利，与享有者特定的身份密切相关，非本集体经济组织成员无权取得或变相取得。李某与马某所签订的《买卖房协议书》的买卖标的物其实不只是房屋，还包括相应的宅基地使用权。李某并不是该村的村民，且诉争院落的《集体土地建设用地使用证》至今还没有由原土地登记机关依法变更登记至李某的名下。所以，一、二审法院根据我国现行土地管理法律、法规、政策的规定，对于宅基地房屋买卖合同无效的认定是正确的。

2. 买受人信赖利益损失的赔偿

宅基地房屋买卖合同被确认无效后，因该合同取得的财产应当予以返还，不能返还或者没有必要返还的，应当折价进行补偿。按照合同无效之法律后果处理的一般原则，李某应当将房屋返回给马某，马某将购房款返还李某。一审法院判决买受人李某将其购买的房屋及院落返还出卖人马某，出卖人马某将购房款返还给买受人李某是正确的。但买受人李某在购买房屋后又自行出资对房屋及院落进行了整修，考虑到买受人李某对于房屋及院落的添附系附和于出卖人马某所有的原物上，无法识别与分离，即便能够分离，分离后添附部分的使用价值也会遭到极大的贬损。此外，考虑到出卖人马某在出卖时明知其所出卖的房屋及宅基地在禁止流转的范围之内，且出卖多年后又以违法出售房屋为由主张合同无效，所以出卖人马某应对合同无效承担主要责任。对于买受人李某信赖利益损失的赔偿，应当全面考虑出卖人马某因土地升值或拆迁、补偿所获利益，以及买受人李某因房屋现值和原买卖价格的差异造成损失两方面因素予以确定。但是，根据《中华人民共和国民事诉讼法》及相关司法解释的规定，鉴于上诉人李某在一审审法院审理期间未就其损失提出明确的反诉主张，在二审程序中，不宜就损失赔偿问题一并处理。本案二审法院维持一审法院的判决是恰当的。

目前，虽然我国现行的法律和政策禁止小产权房买卖流通，法院一般也是判决小产权房买卖合同无效，但是法院不能鼓励小产权房出卖人“明知故犯”。倘若小产权房出卖人明知所出卖的房屋及宅基地在禁止流转的范围之内，出卖多年后又以违法出售房屋为由主张合同无效，则应当判决出卖人对合同无效承担主要责任，对买受人的信赖利益损失负有赔偿责任。计算买受人的信赖利益损失，应当全面考虑出卖人因土地升值或拆迁、补偿所获利益，以及买受人因房屋现值和原买卖价格的差异造成损失两方面因素予以确定。

2009 年 5 月 21 日，深圳市四届人大常委会第二十八次会议通过了《关于农村城市化历史遗留违法建筑的处理决定》，规定经普查记录的违法建筑，除未申报的外，符合确认产权条件的，适当照顾原村民和原农村集体经济组织利益，在区分违法建筑和当事人不同情况的基础上予以处罚和补收地价款后，按规定办理初始登记，依法核发房地产证。

但是，深圳市人大明确否认了小产权房转正为可以交易的商品房的可能，其中明确指出，大部分现有违建房屋经登记确权后，将只有合法的使用权，而没有所有权，不能像普通商品房那样自由流通。

此外，国土资源部也一再重申，深圳本身具有特殊性，各地小产权房问题也各不相同，深圳小产权房转正是个例，不可能在国内其他城市推广。国土资源部对“小产权房”的态度非常明确，农村集体用地是不能用来建小产权房的。小产权房不符合国家现行法律规定，更不受法律保护。

>>经典案例三

2009 年 8 月，李某在某市一家房地产经纪公司登记出卖房屋的信息。当时该中介公司的工作人员在了解情况后，得知该房屋是小产权房。

张某是该市的一个市民，2008 年 9 月，他通过该房地产经纪公司买了李某的这套房屋。当时，张某与李某就这套房屋签订了房屋买卖合同。张某按照合同约定向李某交纳了 1 万元定金，买卖双方还分别向该中介公司交纳了 4 000 元中介服务费。

后来，张某得知该房为小产权房，根本不允许买卖，于是他立即找到李某，要求他退还全部定金，但是李某却只退还了 4 000 元。由于双方无法达成协议，张某便将李某和中介公司一并告上了法庭。

原告张某请求法院确认房屋买卖合同无效，并要求李某退还剩余定金 6 000 元，中介公司连带返还所缴纳的信息服务费 4 000 元，并由被告承担他因解除与某住房储蓄银行签订的储蓄合同所缴纳的 2 000元服务费损失。

被告李某辩称，当时自己去看房时，他已告知中介公司房子是小产权房。与张某签合同交定金时，他再次告诉张某房屋是小产权房，不能贷款，张某当时也没有表示任何异议，还交纳了定金，因此不同意返还 6 000 元。

法院经过审理认为，张某和李某的房屋买卖违反了《中华人民共和国土地管理法》关于农民集体所有的土地使用权不得出让的强制性规定，所以两人的房屋买卖合同是无效的。而中介公司在明知李某的房屋产权性质是农村集体所有，房屋买卖仅限其集体内部人员的情况下，依然为张某提供中介服务，违反了《房地产市场管理规定》中关于房地产中介应当遵循平等、自愿、合法和诚实信用的原则，因此中介的行为也是无效的。

法院依此作出判决：被告李某退还给原告张某剩余的 6 000 元定金；中介公司返还中介费 4 000 元。此外，张某要求被告赔偿他因解除与某住房储蓄银行签订的储蓄合同所缴纳的 2 000 元服务费，由于这个损失与这次房屋买卖有直接关系，因此，李某和中介公司应当承担相应的责任，但考虑到张某在这次房屋买卖中也存在一定的过错，所以应自行承担 600 元的损失，其余 1 400 元损失由李某和中介公司各承担一半。

>>律师在线

本案涉及的法律问题主要是：什么是小产权房？城镇居民可以在农村购买小产权房吗？

所谓的小产权房并不是一个法律概念，而是一种俗称，是指在农民集体土地上建设的房屋，未缴纳土地出让金等费用，不能获得产权证，或者其产权证不是由国家房管部门颁发，而是由乡政府或村集体组织颁发，所以叫作“小产权”，又被称为“乡产权”，并不构成真正法律意义上的产权。其一般是一些集体经济组织在集体土地上集中建设的农民住宅楼，除了用来安置本集体经济组织成员外，还以较低的价格向本集体经济组织成员以外的城市居民销售。

《中华人民共和国土地管理法》第四十三条规定，任何单位和个人进行建设，需要使用土地的，必须依法申请使用国有土地；但是，兴办乡镇企业和村民建设住宅经依法批准使用本集体经济组织农民集体所有的土地的，或者乡（镇）村公共设施和公益事业建设经依法批准使用农民集体所有的土地的除外。其中“依法申请使用的国有土地”，包括国家所有的土地和国家征收的原属于农民集体所有的土地。

第四十四条规定，建设占用土地，涉及农用地转为建设用地的，应当办理农用地转用审批手续。小产权房的销售对象主要是城镇居民，而城镇居民购买商品房只能购买在国有土地上建设成的商品房。所以集体土地上不能建设商品房，否则就违反了土地管理法规定。

综上所述，我们可以知道城镇居民购买小产权房是不受到法律保护的。早在《关于加强土地转让管理严禁炒卖土地的通知》中就有规定：“农村住宅不得向城镇居民出售”。2004 年 12 月 24 日，《国务院关于深化改革严禁土地管理的决定》重申：“禁止城镇居民在农村购置宅基地”。同样在 2007 年 12 月 30 日，国务院办公厅国办发

[2007] 71 号通知即《国务院办公厅关于严格执行有关农村集体建设用地法律和政策的通知》重申："农村住宅用地只能分给本村村民，城镇居民不得在农村购买宅基地、农村住宅和小产权房"。2008 年 1 月 8 日，我国公布的《国务院办公厅关于严格执行有关农村集体建设用地法律和政策的通知》（以下简称《通知》），要求严格执行有关农村集体建设用地法律和政策，再次强调不允许城镇居民购买小产权房。《通知》重申农村住宅用地只能分配给本村村民，城镇居民不得到农村购买宅基地、农民住宅或"小产权房"，并强调单位和个人不得非法租用、占用农民集体所有土地搞房地产开发。农村村民一户只能拥有一处宅基地，其面积不得超过省、自治区、直辖市规定的标准。农村村民出卖、出租住房后，再申请宅基地的，将不予批准。同时，《通知》明确指出，任何涉及土地管理制度的试验和探索，都不能违反国家的土地用途管制制度，而土地用途管制制度是中国目前实行最严格土地管理制度的核心。

所以，小产权房是不受法律保护的。而本案件中，买卖双方都存在一定的过错，违反了法律规定。因此，法院的判决是合法合理的。

>>经典案例四

高某是某县某镇 A 村的村民。1995 年 9 月 12 日，高某与某城市居民张某签订了一份《房屋购买协议》，将自己坐落于 A 村的五间北房以及院墙、树木等以 35 000 元的价格出卖给赵某。双方签订协议后，赵某便将 35 000 元支付给了高某，高某将房屋交付给赵某后，赵某便将户口迁到了该村。后来，由于城乡建设，赵某所购买的房屋拆迁，赵某领取了一笔拆迁款。

2006 年，高某去世，他的儿子高甲认为赵某与父亲高某在签订购房协议时是城镇居民，并非该村集体经济组织成员。根据我国相关法律规定，农民集体所有的土地依法属于村农民集体所有，将村宅基地转让给非本集体组织成员的行为违反国家强制性法律规定。所以，高甲认为赵某当初与父亲高某签订的《房屋购买协议》无效。双方因此发生争执，高甲诉至法院，请求确认当时赵某与父亲高某签订的购房协议无效，要求赵某返还五间房屋及院墙、树木。

被告赵某辩称，高某去世前已经将五间房屋及院墙、树木出卖给我，这些财产并不属于高某的遗产，高甲以高某的继承人身份提起诉讼，不具备诉讼主体资格。并且，已经超过法定的诉讼时效。

法院经审理，判决驳回原告高甲的诉讼请求。

>>律师在线

本案涉及的法律问题主要有以下三个方面：

1. 城镇居民与农村居民签订的农村房屋买卖协议的效力

根据我国法律规定，农村宅基地的所有权属于农民集体所有，宅基地使用权人在对宅基地行使收益和处分权利时，应当受到严格的限制。在这个前提下，非本村村民购买农村房屋的行为通常认定是无效的。

但在处理具体案件时，应当结合案例中不同的实际情况进行综合判断。本案中，虽然赵某在购房时并不是该集体经济组织村民，但在购房后，其将户口已经迁到该村，在此后的 11 年中，赵某对该房屋早已形成了稳定的占有使用关系。现在该房屋已经拆迁，赵某根据拆迁协议已经领取了相应的拆迁补偿款。鉴于此，再综合本案当时的历史背景，从有利于维护 11 年来形成的稳定的房屋占有使用关系的角度考虑，不应当认定《房屋买卖协议》无效。高甲在买卖合同签订并实际履行后，且该房屋已被拆迁的情况下，以转让农村宅基地违反法律规定为由要求确认买卖合同无效，这种行为与民法倡导的诚实信用原则相悖。因此，应认定赵某与高某签订的《房屋买卖协议》有效。

2. 高某签订购房协议出卖的房屋是否属于遗产

《中华人民共和国继承法》第三条明确规定了遗产的范围：遗产是公民死亡时遗留的个人合法财产，包括：

（一）公民的收入；

（二）公民的房屋、储蓄和生活用品；

（三）公民的林木、牲畜和家禽；

（四）公民的文物、图书资料；

（五）法律允许公民所有的生产资料；

（六）公民的著作权、专利权中的财产权利；

（七）公民的其他合法财产。

如前文所述，因赵某与高某签订的《房屋买卖协议》有效，高某去世前房屋就已经转让给赵某，也就是说该房屋已经不是高某死亡时遗留的个人合法财产，所以不能属于遗产范围。

3. 诉讼当事人的适格

诉讼当事人的适格是指在具体的民事诉讼中，有正当的资格以自己的名义进行诉讼，并受法院裁判约束的人。适格的当事人主要包括以下三类：

（1）特定的民事争议发生权利义务关系的人；

（2）根据法律的规定或者根据当事人的意思，依法对他人的民事法律关系或者民事权利享有管理权的人；

（3）在确认之诉、给付之诉和变更之诉中对诉的标的有诉的利益的人。

在本案中，高某与赵某签订的《房屋买卖协议》有效，该房屋的所有权在高某去世前已经转让给赵某，不属于高某的遗产范围，所以，高甲以高某的继承人的身份提起诉讼，要求确认其父亲去世前与赵某签订的《房屋购房协议》无效，而高甲并不是该争议法律关系的主体，对该房屋也没有诉的利益。高甲并不是适格的诉讼当事人。

因此，法院对本案作出的判决是正确的。

>>经典案例五

林某是某省J县某镇的城镇居民，由于自己结婚，急于要购置新房。所以，2007 年 5 月，林某与该镇某村的村民郭某签订了一份《购房合同》，合同约定：林某以 80 000 元的价格向郭某购买农宅一栋。但是林某在将 80 000 元的购房款一次性交付给郭某后，去县房产局办理房屋所有权证的时候，却被告知因为农村宅基地归集体所有，所以不能办理房屋产权证。林某便找到郭某协商，要求将房子退掉并且由郭某归还购买房屋的房款。郭某却认为双方均是在出于自愿的情况下签订的《购房合同》，并且该合同已经履行完毕，因此不同意将购房款返还给林某。双方经过多次调解未果，林某便将郭某诉至法院。

法院经过审理，判决原告林某与被告郭某之间的房屋买卖行为无效；被告郭某将购房款 80 000 元返还给原告林某；原告林某将农宅返还给被告郭某。

>>律师在线

这是一起因为城镇居民在农村购置住房引发的纠纷，本案涉及的法律问题主要是：城镇居民在农村购置农宅或宅基地是否合法？原、被告双方签订的购房合同是否有效？

根据我国法律规则的含义，宅基地使用权主要有以下四个特点：

（1）身份性　只能是集体经济组织成员，才有权利享有宅基地使用权。

（2）无偿性　农民可无偿取得宅基地使用权。

（3）有限性　农村村民一户只能拥有一处宅基地，其宅基地的面积不得超过省、自治区、直辖市规定的标准。

（4）无使用期限限制　在理论上，宅基地使用权一旦取得，使用权人可一直使用下去。

所以，只有集体经济组织的成员才能拥有宅基地，换句话说，也就是只能是农村户口的农村居民才有资格使用宅基地。

既然城镇居民不能在农村分配到宅基地，那么是否能在农村购买宅基地或者农宅呢？

《中华人民共和国土地管理法》第四十三条规定：“任何单位和个人进行建设，需要使用土地的，必须依法申请使用国有土地；但是，兴办乡镇企业和村民建设住宅经依法批准使用本集体经济组织农民集体所有的土地的，或者乡（镇）村公共设施和公益事业建设经依法批准使用农民集体所有的土地的除外”。

《国务院关于深化改革严格土地管理的决定》明确规定：“加强农村宅基地管理，禁止城镇居民在农村购置宅基地”。

从上述法律及政策的规定我们可知，我国是禁止城镇居民在农村购置宅基地的，那么自然也就不允许在农村购置房屋。宅基地使用权是一种带有社会福利性质的权利，是与农民身份密不可分的，是国家考虑到农村社会保障制度还不健全，农民收入低且没有稳定性才允许农户可以无偿取得。所以，一旦城镇居民在农村购买了农民的宅基地或者房屋，就会对集体经济组织的合法权益造成侵害。

在本案中，李某是城镇居民，他并不具有农村集体经济组织成员的资格，也就无权使用农村宅基地，林某与郭某的房屋买卖行为不仅违反了《中华人民共和国土地管理法》的强制性规定，还违反了国家的政策，并对集体经济组织的合法权益造成了侵害，是无效的。所以，法院作出的判决是合情合理的

从本案中涉及的房屋买卖合同来看，虽然交易标的物是地上的建筑物，但在我国强调“房地一体”的法律背景下，交易标的物实际也包括了宅基地。这与我国严格限制宅基地流转政策是相违背的。农

村宅基地有以下特点：

（1）所有权归集体经济组织；

（2）使用主体是农村居民，即是集体经济组织内的成员；

（3）只能由使用权人利用宅基地建造住宅及附属设施，供其居住使用，不能将宅基地转让；

（4）具有福利性，基本上是无偿使用。

由上述内容可知，宅基地使用权是集体经济组织成员享有的权利，与特定身份密切相关。2004 年 10 月 21 日《国务院关于深化改革严格土地管理的决定》再次强调“加强农村宅基地管理，禁止城镇居民在农村购置宅基地”。所以，根据国家政策，非集体经济组织成员因购买农村宅基地或房屋而与其订立的买卖合同应当无效。

国家法律是禁止城镇居民购买农村房屋的，所以农村居民应当注意，不能抱有侥幸心理，如果将自家农宅出售给城镇居民，即便是与城镇居民签订了房屋买卖合同，该合同也是无效的，结果也只能竹篮打水一场空。但是，如果村民住房有空余，自愿将其房屋转让给本集体经济组织的其他村民，那么，这种转让行为则可以认定为有效。

房屋买卖合同成立后还能反悔吗?

>>经典案例

王某是某城镇居民，其父亲死后在村里留下了一块宅基地，在该宅基地上建有三间房屋，占地面积为 120 平方米。王某依法继承房屋后，与该村的张某签订了房屋买卖协议，随后张某向王某交付了

20 000元的房款，王某则向张某交付了房屋和宅基证。然后，张某就搬进去居住了。后来，张某曾向该村村委会提出要求办理房屋过户手续，但是由于张某没有将原宅基地上的旧房拆除，所以村委会没有同意办理过户手续。两年之后，王某突然反悔，以该房屋买卖协议违反了《中华人民共和国土地管理法》的有关规定为由，诉至法院要求确认其买卖合同无效，并愿意将房款20 000 万元退还给张某。

>>律师在线

本案涉及的法律问题主要是：本案的买卖协议是否有效？原告王某能反悔吗？

对于本案，主要有以下三种不同的观点：

第一种观点，根据《中华人民共和国土地管理法》第六十二条第一款规定，农村村民一户只能拥有一处宅基地，其宅基地的面积不得超过省、自治区、直辖市规定的标准。本案中的双方当事人的买卖协议本身就违反了国家现有法律的明文规定。此外，我国民法有关农村宅基地使用权也有规定，公民出卖其房屋或其他建筑物时，或者因赠与、继承而使房屋或建筑物的所有权发生移转时，宅基地使用权也随之转给房屋或其他建筑物的新所有人，这是物权法上的“房地一体”主义的具体体现。本案中宅基地使用权已由买方张某行使，只是因为他一直没有办理过户手续，房屋所有权还在卖方王某手中，才导致了房屋所有权与宅基地使用权的分离。所以，应当认定本案房屋买卖协议无效，房屋应予以返还。

第二种观点，认可农民合法财产权的流转，认为买卖双方交易的标的物主要还是房屋，从当时的市场价格来看，出卖人并没有取得宅基地上的收益，所以对集体经济组织的经济利益并不存在侵犯的现象，基于合同双方当事人均出于自愿，只要该房屋属于合法建筑，符合一般买卖合同的有效要件，则应当认定房屋买卖协议有效。

第三种观点，尊重房屋已移转的现实，从稳定房屋交易、促进财产流转、避免出现确认无效以后执行困难的局面出发，主张该农村房屋的所有权可以在一定的条件下与宅基地使用权分离，承认受让方享有房屋所有权，出卖方仍保有宅基地使用权，故应当认定协议无效但房屋不予返还。

综合比较来讲，第三种观点较为合理，其理由是：

(1) 结合现在农村社会的现状，农民的法律知识也比较有限。在很多情况下，交易双方只是对房屋买卖，尤其是买受方根本没有意识到宅基地上存在相关的法律规定。还有就是考虑到农村房屋返还的执行难问题。

(2) 从原告王某出卖所继承房屋的行为来看，可以将其视为是对土地使用权的一种单方放弃行为。既然原告王某对原来的宅基地已经失去权利，那么他就不得因后悔而提出收回宅基地。当然被告张某也并不因此就得到土地的所有权，其土地的所有权需要获得有关部门的确认。

(3) 从法条的适用上存在一定的可行性。《中华人民共和国合同法》第五十八条规定："不能返还或者没有必要返还的，应当折价补偿……"其中"不能返还"是指事实上的不能返还，"没有必要返还"是指根据实际情况的需要，当事人经协商认为不必采用返还原物的方式。在本案中，张某已支付房款并在该房屋里居住了两年，其生产、生活与房屋发生了紧密联系，在事实上、情感上、经济上都与房屋融为一体，如果强制返还，必然会给张某带来很多不便。所以，张某不用将房屋返还给王某，但对于王某的损失，张某应当给予适当的补偿。

但是，如果王某与张某只是签订了房屋买卖协议，张某还并没有搬进去居住，那么处理方式就会不一样。如果是这种情况，王某反悔还是来得及的，张某则应当退还房屋。

如果房地产买卖合同约定不明，该如何履行？

>>经典案例

陈某与贾某签订了一份房屋买卖合同，合同约定：陈某以32 000元的价格购买贾某的两间住宅，在陈某支付了购房款后，贾某应尽快将房屋交付给陈某，如果任何一方违约，则要承担房屋款项的5%作为违约金。随后，双方办理了宅基地使用权变更、房屋登记变更手续。合同签订半个月后，陈某便将32 000元的现金支付给了贾某。但过了半年，贾某一直没有向陈某交付房屋，不是以房屋东西太多还没来得及腾出为由，就是借口说有亲戚暂住在那两间住宅里，需要等些时日。陈某一怒之下，将贾某告上法庭，要求贾某承担违约责任。

>>律师在线

本案涉及的法律问题主要是：法院是否应当受理此案并判定被告贾某承担违约责任？

根据《中华人民共和国合同法》第六十一条的规定，房屋买卖合同生效后，当事人就质量、价款或者报酬、履行地点等内容没有约定或者约定不明确的，可以协议补充；不能达成补充协议的，按照合同有关条款或者交易习惯确定。

《中华人民共和国合同法》第六十二条规定，当事人就有关合同内容约定不明确，依照第六十一条的规定仍不能确定的，适用下列规定：

（1）质量要求不明确的，按照国家标准、行业标准履行；没有国家标准、行业标准的，按照通常标准或者符合合同目的的特定标准履行。

（2）价款或者报酬不明确的，按照订立合同时履行地的市场价格履行；依法应当执行政府定价或者政府指导价的，按照规定履行。

（3）履行地点不明确，给付货币的，在接受货币一方所在地履行；交付不动产的，在不动产所在地履行；其他标的，在履行义务一方所在地履行。

（4）履行期限不明确的，债务人可以随时履行，债权人也可以随时要求履行，但应当给对方必要的准备时间。

（5）履行方式不明确的，按照有利于实现合同目的的方式履行。

（6）履行费用的负担不明确的，由履行义务一方负担。

本案中，房屋买卖合同约定“在陈某支付了购房款后，贾某应尽快将房屋交付给陈某”，其中“尽快”究竟是多快，并没有一个明确的说法，所以可理解为履行期限不明。根据《中华人民共和国合同法》第六十二条的规定，履行期限不明确的，债务人可以随时履行，债权人也可以随时要求履行，但应当给对方必要的准备时间。所以，债权人陈某有权随时要求贾某履行合同，并给予贾某必要的时间作好履行的准备。而本案中，原告陈某并没有给被告贾某必要的准备时间，便将贾某告上了法庭，这是不符合《中华人民共和国合同法》的规定的。法院对该案件可不予受理，并告知原告陈某应当给予被告贾某必要的、明确的履行准备时间。如果在这之后的一个合理的准备时间内，贾某依然没有向陈某交付房屋，陈某便可以向法院提起诉讼，要求贾某承担违约责任。

私下进行的房屋买卖具有法律效力吗?

>>经典案例

近年来，我国各地法院受理了一批关于农村私有房屋私下买卖的合同纠纷案件。这类纠纷主要有以下几种情况：从诉讼双方和案由来看，主要是房屋出卖人诉买受人，要求确认合同无效并收回房屋；从买卖双方身份来看，出卖人为农村村民，买受人主要是城镇居民或外村村民，当然也有出卖给同村村民的情况；从交易发生的时间看，多发生在起诉前两年以上，有的甚至在十年以上；从合同履行来看，多数依约履行了合同义务，出卖人交付了房屋，买受人给付了房款并已经入住，但大多没有办理房屋登记变更或宅基地使用权变更登记手续；从诉讼的起因来看，多是因为土地增值以及土地征用、房屋拆迁等，房屋现值或拆迁补偿价格远远高于原房屋买卖价格，出卖人受利益驱动而起诉；从标的物现状来看，有些房屋已经经过装修、翻建、改建等添附行为。

>>律师在线

本案中涉及的法律问题主要是：农村私有房屋的私下买卖具有法律效力吗?

这类农村私有房屋买卖合同应当认定为无效。其理由主要由以下三点：

（1）房屋买卖必然涉及宅基地买卖，而宅基地买卖是我国法律法规所明令禁止的。根据《中华人民共和国土地管理法》的规定，宅基地属于农民集体所有，由村集体经济组织或者村民委员会经营、管理。国务院办公厅1999年颁布的《关于加强土地转让管理严禁炒卖土地的通知》规定："农民的住宅不得向城市居民出售，也不得批准城市居民占用农民集体土地建住宅，有关部门不得为违法建造和购买的住宅发放土地使用证和房产证"。国家土地管理局［1990］国土函字第97号《关于以其他形式非法转让土地的具体应用问题请示的答复》也明确规定，原宅基地使用者未经依法批准通过他人出资翻建房屋，给出资者使用，并从中牟利或获取房屋产权，是属"以其他形式非法转让土地"的违法行为之一。

（2）宅基地使用权是集体经济组织成员享有的权利，与特定的身份关系密切相关，不允许转让。而农村私房买卖中买房人名义上是买房，实质上是买地，因为在"房地一体"的格局下，处分房屋的时候，宅基地也一并被处分了，从而对集体经济组织的权益造成了损害，这是我国法律法规明确禁止的。

（3）认定买卖合同有效不利于保护出卖人的利益。在很多案件中，出卖人相对来说，均处于弱者的地位，其要求返还私有房屋的要求更关涉到其生存权益。

如果这类合同不是私下转让，而是经过了宅基地使用权变更、房屋登记变更手续，且买卖双方均是同一集体经济组织的成员，则买卖合同应当被认定为是有效的。

外地村民购买本村宅基地房屋后用于抵债效力如何？

>>经典案例

1996 年 2 月 19 日，张某将其坐落于 B 市 M 区某街西 158-1 号的房屋（简称 1 号房屋）出卖给某省 D 市某县永阳镇某村村民吕某。2006 年 2 月 21 日，吕某与 B 市 M 区龙泉镇某村村民王某签订协议，约定吕某从赵某处借款 50 万元，以 1 号房屋折抵债务 40 万元，房屋由吕某居住，但房屋所有权归赵某所有。

张某在得知吕某将 1 号房屋用于抵债后，便找到吕某，并与其发生争议。张某认为 1 号房屋占用土地为农村宅基地，且吕某并不属于该集体经济组织成员，无权购买 1 号房屋，因此，双方在 1996 年签订的房屋买卖合同应属无效。吕某无权将该房屋出卖给赵某，因此吕某与赵某签订的协议也应属无效。双方争执不下，张某便将赵某和吕某诉至法院，请求确认张某与吕某的房屋买卖合同以及吕某与赵某的房屋抵债买卖合同无效，要求吕某、赵某腾退 1 号房屋。

被告吕某、赵某辩称，张某与吕某签订的房屋买卖合同是在双方均出于自愿的情况下进行的，应当有效。吕某取得该房屋的所有权后，有权进行处分，与赵某签订的房屋抵债买卖协议也应当有效。

法院经过审理，作出如下判决：

（1）张某与吕某于 1996 年 2 月签订的房屋买卖合同关系无效；

（2）吕某与赵某于 2006 年签订的房屋抵偿债务合同关系无效；

（3）吕某与赵某在判决生效后30日内将1号房屋腾退给张某，腾退时不得损害房屋及其附属设施。

>>律师在线

本案涉及的法律问题主要有以下两个方面：

1. 非集体经济组织成员购买集体经济组织成员农村房屋合同的效力

根据我国相关法律规定，农民集体所有的土地依法归村农民集体所有，由村集体经济组织或者村民委员会经营、管理。宅基地使用权是集体经济组织成员享有的权利，与特定的身份关系密切相关，不允许违法转让。宅基地转让一般限于本村集体经济组织成员内部。所以，村民如果想要出卖自己的房屋，则只能出售给符合申请条件的本村集体经济组织的成员，即本村村民。农村宅基地违法转让的行为违反国家法律强制性规定，房屋买卖合同依赖于宅基地使用权的有效转让。在本案中，吕某不是该村村民，其与张某签订的房屋买卖协议的行为违反了国家法律关于农村宅基地禁止转让的规定，应当认定为无效。因此，法院判决张某与吕某于1996年2月签订的房屋买卖合同无效是正确的。

2. 非集体经济组织成员取得房屋后与第三人签订的房屋抵债合同的效力

由于张某与吕某签订的房屋买卖协议无效，而吕某在与赵某签订房屋抵偿债务合同的时候并没有取得该房屋的所有权，因此，这种行为属于无权处分行为。根据《中华人民共和国合同法》第五十一条规定："无处分权的人处分他人财产，经权利人追认或者无处分权人订立合同后取得处分权的，该合同有效"。由此可见，无权处分行为倘若得不到权利人的追认或是事后取得处分权，合同均应认定为无效。本案中，由于吕某与张某签订的房屋买卖合同违反了法律强制性规定而导致无效，无效的合同或者被撤销的合同自始就没有法律约束力，所以，吕某自始至终没有取得该房屋的处分权。而且，根据张某向吕某主张权利的事实，表明吕某的无权处分行为也没有得到张某的追认。因此，吕某与赵某签订的转让房屋的合同也应认定为无效。所以，法院判决吕某与赵某 2006 年签订的房屋抵偿债务合同关系无效是正确的。

本村村民可以将农宅出售给外村农民吗?

>>经典案例

2010 年 2 月 18 日，某县某镇 A 村村民黄某与邻村村民贾某签订了房屋买卖协议，协议约定：贾某以 23 600 元的价格购买黄某于 1983 年建在 A 村的三间瓦房。该协议签订后，贾某便将 23 600 元的购房款给付了黄某，黄某将房屋也交给了贾某。贾某随后便搬进了该房屋。2010 年 7 月 12 日，黄某以贾某不是 A 村集体组织成员，不能取得该房屋宅基地使用权为由，认为其与贾某签订的房屋买卖协议违反了国家相关法律、政策，所以诉至法院，请求法院判决自己与贾某签订的房屋买卖协议无效，且要求贾某将房屋返还给自己，自己将 23 600 元的购房款返还给贾某。

>>律师在线

本案涉及的法律问题主要是：黄某与贾某签订的房屋买卖协议有效吗?

目前，农村自建房屋的所有权与宅基地的所有权分属不同的权利主体，本案中，黄某将房屋出卖给本集体经济组织成员之外的贾某的行为违反了法律的强制性规定，同时对集体经济组织宅基地所有权经济利益造成了侵害，因此也就导致了房屋买卖协议无效。况且，黄某与贾某签订的房屋买卖协议只对诉争房屋的买卖进行了约定，并没有对该房屋坐落的宅基地使用权进行任何约定，也就是说，黄某没有对宅基地进行处分的权利。而且，宅基地使用权是否经过户登记并不是房屋买卖协议的有效要件，未办理过户登记对买卖协议的效力并不会造成影响，只要房屋买卖协议符合《中华人民共和国合同法》规定的合同有效要件，协议即为有效。其理由如下：

（1）该协议内容只涉及对诉争房屋的买卖，并没有涉及宅基地使用权的转移，该协议约定的内容并没有超出法律规定的范围。宅基地所有权归农村集体经济组织所有，该集体经济组织成员按法律规定的条件和程序可以取得宅基地的使用权。取得宅基地使用权后，可以在该土地上建造住房并取得房屋的所有权。《中华人民共和国土地管理法》第六十二条第一款："农村村民一户只能拥有一处宅基地，其宅基地的面积不得超过省、自治区、直辖市规定的标准"。第六十二条第四款："农村村民出卖、出租房屋后，再申请宅基地的，不予批准"。从上述规定可以看出，这是针对农村宅基地申请及建房的规定，同时也可以看出农村集体组织成员所有的房屋是可以出卖、出租的。

（2）在宅基地使用权有效期内，"地随房走"是我国现行法律的一项基本原则，村民对自有房屋的处分并不会对宅基地所有权人的经济利益造成损害。一旦将宅基地划拨给村民使用，集体经济组织对其所有的土地实际上就不能行使更多的权利。当村民出售房屋时，由于村民无权对宅基地使用权进行处分，所以村民并不能通过出售房屋而从中获得宅基地的收益，而只能获得出售房屋的利益。在没有改变宅基地所有权现状和对土地的占有和利用状况下并不存在对集体经济组织的经济利益侵犯的问题。其实，通过购房取得他人宅基地使用权的其他农村集体经济组织成员可以经宅基地的所有权人同意变更为本集体经济组织成员或交纳一定的费用等方式后取得宅基地使用权。实际上，买房人是否有资格取得房屋宅基地的使用权与房屋的出卖人没有关系，也就不能以此作为房屋买卖协议的抗辩理由。

社会实践中，农村房屋买卖合同之所以经常被房屋出卖人起诉要求认定无效，主要是因为农村土地增值以及新农村建设改造拆迁补偿等因素导致房屋现价或拆迁补偿价格高于房屋买卖价格，出卖人受利益驱动反悔所致。所以，倘若认定此类合同无效，将会对社会的公序良俗和诚实信用的社会根基造成严重的损害。即使排除以上因素，考虑到房屋所有权人有权处分房屋的所有权及从买卖双方意思自治原则出发，判决买卖合同无效在城乡一体化的今天并不是最好的解决方法，同时也不符合《中华人民共和国合同法》与《中华人民共和国民法通则》关于合同无效的规定。

根据我国相关法律规定，宅基地所有权归集体所有，不能买卖，宅基地使用权虽然可以流转，但也只能在本集体经济组织内部的成员之间流转，即本村的同村农民或本乡镇的农民。所以，农民在出售农宅或宅基地使用权时，首先要了解对方的身份是否是本村或本乡镇农民，否则，即使双方签订了农宅买卖合同也因为违反国家法律的强制性规定而无效。

另外，同村或同镇的农民签订了农宅或宅基地使用权买卖合同，必须是在不存在欺骗、胁迫等情况下，合同才能生效，出卖的一方不能因为所出售的农宅或宅基地被征收而得到大笔补偿款而违背合同的约定要求对方返还所出售的农宅，这也是违反法律规定的，即使打官司也不会得到法院的支持。

此外，按照我国相关法律规定，农村村民出卖、出租房屋后，再申请宅基地的，不予批准。因此，农民出售自家农宅时一定要慎重，农宅出售后，如果自己还回到农村经营，那么就将无房可居，而对自己的生活、生产造成严重影响。

村民出售农宅未签订书面合同该如何处理？

>>经典案例

徐某在B市某区大路铺村有一处农宅，该农宅具有区政府颁发的房屋产权证书。徐某想要出售这处农宅，便委托中间人李某介绍买主。同村的村民郭某夫妇在看过这处农宅后比较满意，便想着购买下来。由介绍人李某从徐某处要走该农宅的钥匙交给了郭某夫妇。2005年3月，郭某夫妇在没有和徐某签订房屋买卖书面协议、也没有给付徐某任何款项的情况下，便擅自将该房产的东、西偏房拆除，重新在院南边建造了三间平房和一间门楼，并且还将该房产的主房进行了部分翻新，然后于2005年6月在没有告知徐某的情况下搬进了这处农宅居住。徐某得知后，便找到郭某夫妇协商解决此事，郭某夫妇找介绍人李某多次调解一直未果。徐某起诉到人民法院，要求郭某夫妇搬出并归还上述房产，并归还房屋相关物品。

被告郭某夫妇辩称，他们已与原告徐某达成口头协议，口头协议将购房款、缴款时间等约定得很清楚。原告徐某将钥匙交给自己的行为就表明原告已经认同此口头协议，他们是基于已成立的合同而使用该房院的。

>>律师在线

本案涉及的法律问题主要是：虽然李某可以出售宅基地使用权，但他与郭某夫妇达成的口头协议是否有效？农村居民出售宅基地使用权给本集体经济组织内部成员需要履行哪些程序？

我们可以着重从合同效力这一角度进行分析。

首先，从举证责任方面来讲，当事人对自己提出的主张，有责任提供证据。在本案中，原告徐某对涉案房产持有房地产行政管理部门为其颁发的权属证书，这就可以证明他对涉案争议房产享有合法物权。而被告郭某夫妇却主张双方买卖合同已经成立，但他们既不能提供充分的证据证明介绍人李某是原告徐某的代理人，具有出卖房屋的代理权，也不能提供充分有力的证据证明原、被告之间是如何协商及协议的详细条款和内容的。所以，被告郭某夫妇对其主张应负举证不能的法律后果，本案原、被告双方的买卖合同并未成立，法院对被告郭某夫妇所主张的原告是基于已成立的合同而将房院交付的，本案应定性为房屋买卖合同纠纷的观点，应不予采信。

其次，从订立合同形式方面来讲，根据《中华人民共和国合同法》第十条规定："当事人订立合同，有书面形式、口头形式和其他形式。法律、行政法规规定采用书面形式的，应当采用书面形式"。《中华人民共和国房地产管理法》第四十一条规定："房地产转让，应当签订书面转让合同，合同中应当载明土地使用权取得的方式"。依据上述法律、行政规定，房地产转让合同属于不动产权属的转让，并且一般标的较大，为要式合同，转让过程中出让方和受让方的权利义务关系多而复杂，应当以书面形式予以明确、固定，以便权利的行使和义务的履行。

本案中，原、被告双方没有签订书面的房屋买卖合同，被告郭某夫妇也没有给付房屋价款，其房屋买卖关系根本就不成立，两被告在房屋买卖合同尚未成立且未支付房地产价款的情况下，便擅自占用原告徐某的房院，这种行为已构成对徐某财产权的侵犯。因此，本案应定性为侵权即物权保护纠纷，对原告徐某要求被告郭某夫妇返还房院和其他财物的诉讼请求应予以支持。

虽然原、被告签订了口头协议，但法院审理案件是以事实为依据的，本案中被告不能提供确凿的证据证明合同的存在，才会败诉。所以，农村居民在购房的时候用一定要严格按照法律的规定，与对方签订书面合同，并认真履行法定的登记手续，因为只有这样才能真正保护自己的合法权益。

你问我答

问：农民的房屋买卖合同有效吗？

答：法律是禁止农村宅基地使用权转让的，但是却没有明确禁止农村房屋的买卖，这样立法的结果所导致的最大问题，就是农村房屋买卖合同是否有效。因为依据“房地一体”和“地随房走”的原则，买卖农村房屋，就相当于买卖农村宅基地的使用权。

在农村中，尤其是在城市郊区的农村中的确普遍存在农村房屋买卖的现象。而由于法律禁止农村宅基地使用权的转让，因此农村房屋的买卖并不一定就会导致宅基地使用权的转移，这样就必然会产生许多关于农村房屋买卖合同的纠纷。

我国司法实务中对农村房屋买卖纠纷的处理结果也并不统一，不过多数普遍都认为农村房屋买卖的合同是无效的，认为农村房屋买卖合同违反了法律的强制性规定，因而认定为无效。

但是，倘若不加以具体分析就认为农村房屋买卖合同是无效的，那么这样的裁判也确实存在很多问题。因为如果对所有的农村房屋买卖合同不针对个案的不同，而笼统地认为是无效的，显然会对买受人的利益造成侵害，存在不公正因素，同时也会助长一些农村房屋的所有权人滥用农村房屋买卖合同无效，在出卖房屋后，又借口该合同无效，要求收回房屋的现象，无疑会人为地制造社会不诚信现象。我们也应当正确认识目前农村中普遍存在的私房买卖现象，通过立法许可农村宅基地使用权的自由流转，来解决这些问题。

问：农民能以自己的买卖违法，主张合同无效，而要求返还房屋吗?

答：《中华人民共和国合同法》第五十二条，有下列情形之一的，合同无效：

（一）一方以欺诈、胁迫的手段订立合同，损害国家利益；

（二）恶意串通，损害国家、集体或者第三人利益；

（三）以合法形式掩盖非法目的；

（四）损害社会公共利益；

（五）违反法律、行政法规的强制性规定。

《中华人民共和国物权法》第十五条，当事人之间订立有关设立、变更、转让和消灭不动产物权的合同，除法律另有规定或者合同另有约定外，自合同成立时生效；未办理物权登记的，不影响合同效力。

我国法律对农民自有房屋买卖采限制态度，因为根据我国“房随地走，地随房走”的原则，农民一旦将宅基地上的房屋买卖，在某种意义上也就将宅基地使用权出让给了他人。然而，我国法律却规定宅基地使用权是不能出让的，这是因为宅基地使用权是保障农民居住权利的福利政策，只有农村集体中的农民才能享有宅基地使用权，而且一户农民只能享有一处宅基地的使用权。

但在现实生活中，农民出卖自有房屋的现象却频频发生。在买受人已经支付了对价的前提下，如果任由农民以出卖房屋行为违法为由要求返还房屋，则必将对买受人的利益造成严重的损害，同时也会损害社会的经济秩序。根据《中华人民共和国合同法》的规定，只有在合同存在一方以欺诈、胁迫的手段订立合同，损害国家利益；恶意串通，损害国家、集体或者第三人利益；以合法形式掩盖非法目的；损害社会公共利益；违反法律、行政法规的强制性规定时才能认定合同无效。在农民买卖房屋时，如果不存在上述理由，则不能认定房屋买卖合同无效。只是我国法院在处理农民房屋买卖问题上基本不具有全国统一性，有的地方法院认定合同有效，有的地方法院则认定合同无效。

问：农村房地产变卖没有经登记的，物权发生变动吗？

答：《中华人民共和国物权法》第九条，不动产物权的设立、变更、转计和消灭，经依法登记，发生效力；未经登记，不发生效力，但法律另有规定的除外。

依法属于国家所有的自然资源，所有权可以不登记。

第一百五十五条，已经登记的宅基地使用权转让或者消灭的，应当及时办理变更登记或者注销登记。

农村房地产买卖未经登记的，物权不发生变动。

根据《中华人民共和国物权法》的规定，不动产物权的设立、变更、转让和消灭，必须登记才能发生效力。如果没有登记，就不发生物权的效力，也就是不发生物权变动。农村房地产属于不动产物权的一种，因此要遵守《中华人民共和国物权法》的规定。只是，物权变动不发生，并不妨碍房地产买卖合同的生效，这是物权行为和债权行为的分离。只有承认合同的有效，才能有效保护买卖双方的利益。在物权变动没有发生的情况下，双方依然可以依据合同条款确定责任，而不是仅仅追究缔约过失责任。至于已经登记的宅基地使用权的转让，就应当办理变动登记。

问：房屋所有权转移的时间怎样确定？

答：《中华人民共和国土地管理法》第十二条及其《土地管理法实施条例》第六条规定，土地使用权的变更，自变更登记之日起生效。《中华人民共和国城市房地产管理法》第三十五条、《城市私有房屋管理条例》第六条规定，房地产转让，当事人应当办理权属变更登记。从上述规定可以看出，依法律行为而使不动产物权发生变动的，以绝对办理登记为必要，如果不进行登记，虽然有物权变动的事实，但在法律上也绝对不产生物权变动的效力。换句话说，房屋作为一种不动产，其所有权转移不是自交付之时起发生，而是以办理过户登记之时起发生。对于未办理过户登记的，一般不承认其所有权转移的效力。

问：哪些房屋的买卖应受限制？

答：在市场经济中，购买者很有必要了解一下哪些房屋的买卖在房地产市场受到限制。就我国目前情况而言，具有下列情形之一的房屋，房屋的买卖将受到限制：

（1）违约或者违章建筑。这类房屋由于不能取得合法的房屋产权，故不允许买卖。

（2）产权不清、产权有纠纷或者产权未明确的房屋。这类房屋由于产权尚不确定，易发生纠纷，故不允许买卖。

（3）教堂、寺庙、庵堂等宗教建筑。这类房屋属于宗教设施，且直接关系到国家的宗教政策，故其买卖要受到限制。

（4）著名建筑物或者涉及文物古迹等需要加以保护的房屋。这类房屋因其具有文物价值，故其买卖要受到限制。

（5）由于国家建设需要，征用或者已经确定为拆迁范围内的房屋。这类房屋由于已被征用或即将拆迁，对他人而言不具有购买价值，故禁止买卖。

（6）出租人、共有权人、出典人的房屋出售时，在同等条件下，承租人、共有权人、承典人享有优先购买权。这对承租人、共有权人、承典人以外的购买人即是一种限制。

（7）享有国家或者单位补贴廉价购买或者建造的房屋。这类房屋的产权契约复杂，其出售要受到一定限制。

第七章 房屋的拆迁和补偿

实际的拆迁人是谁?

>>经典案例

江某是某市居民，他拥有一套170多平方米的住房。由于该市实施旧城改造，江某的这处住房被划入了拆迁范围。当时，因为与拆迁人该市某地区开发指挥部未能就安置地段、面积等事项达成一致意见，申请城市房屋拆迁管理部门裁决。后来，江某又认为，行政裁决机关与拆迁人同出一辙，于是就拆迁裁决提出了行政复议。可江某对行政复议同样不满，便又起诉到人民法院。

>>律师在线

本案涉及的法律问题主要是：本案的实际拆迁人是谁？江某采取的维权措施是否具有法律依据？

其实在房屋拆迁中，有很多被拆迁户反映，城市的旧城改造是由政府建设部门独资设立的诸如“城市建设发展有限公司”等很多此类的单位实施的，这种“公司”作为拆迁人，实质上就是建设部门作为拆迁人。而本案中的实际拆迁人即为当地的建设部门，而不是该市某地区开发指挥部。在这种情况下，拆迁人、房屋拆迁许可证的颁发人、裁决人几乎是同一主体。此时进行的房屋拆迁，很难做到公平。即使在实际上做到了公平，在老百姓心中也会产生不公平的阴影。据调查，有很多拆迁户表示更愿意与实施旧城改造的开发建设单位协商拆迁的相关事宜。他们认为，市场经济是法治经济，各民事主体完全有能力在公平的、等价有偿的基础上自行开展民事活动。政府对市场经济行为的监管，不应该采取行政干预手段，而应该更多的是利用经济杠杆。那么，究竟谁是城市房屋拆迁中的合法拆迁人呢?

《城市房屋拆迁管理条例》第四条规定，拆迁人是指取得房屋拆迁许可证的单位。这一规定，取消了个人作为拆迁人的资格。这些单位包括：

（1）经批准自行建房的国家机关、企事业单位　这些国家机关和企事业单位为适应经济发展，满足自身需要，由国家拨款或自筹资金，拆掉旧房建新房时就成了拆迁人。被拆掉的旧房可以是自管房或自有房，也可以部分是其他单位和个人的房屋，只要这些机关和企事业单位依法申请到拆迁许可证，就可以成为拆迁人。

（2）房地产商　目前，城市房屋拆迁中最为活跃和普遍的拆迁人便是房地产开发商。我国城市房屋拆迁法律规范中所指的房地产商，即以营利为目的，从事房地产开发和经营的房地产开发企业。其资格的确立需要符合法律规定的条件。

（3）城建部门　为完善城市基础设施和公益设施，改善城市综合功能而进行建设的城市建设主管部门和公用事业单位。城建部门进行的城市基础设施和公益设施建设，考虑的是社会效益，并不以营利为目的。

通常情况下，人民政府不能成为拆迁人。因为，即使人民政府成为了拆迁人，仍需把拆迁和建设工作交给房地产商或是其他建设部门具体实施，而且一旦参与到拆迁中去，难免会出现利益不均衡的情况，其行为与政府体制改革的方向背道而驰。

本案中，江某采取的维权措施具有相应的法律依据。《城市房屋拆迁管理条例》第十六条规定，拆迁人与被拆迁人对补偿形式和补偿金额、安置用房面积和安置地点、搬迁过渡方式和过渡期限，经协商达不成协议的，由批准拆迁的房屋拆迁主管部门裁决。当事人对裁决不服的，可以自接到裁决书之日起 3 个月内向人民法院起诉。

拆迁人能否强制拆迁?

>>经典案例一

李某是某市 D 区大四合院中五间房屋的产权人。2001 年 8 月 21 日，该市某房地产开发公司要在这里建设一栋大楼，共有 200 户人家被列入了二期拆迁范围。9 月，接受拆迁委托的某房屋拆迁公司发现，仍有五家未达成拆迁补偿协议。该房地产开发公司的一名工作人员带着七八个人闯入院中，在李某不在场的情况下将其房屋拆除。后来，李某接到该公司于 9 月 26 日向 D 区房地局递交的裁决申请书，才知自家被安置到另一个区某小区的一套三居室。李某找到该公司，问为什么不等裁决就拆房？该公司给出了三个理由：房客走了；危房不拆影响安全；怕房子被抢了。同时，该公司还强调说，拆迁行政法规和地方性法规中均无明文规定拆除空房前须征得产权人的同意，马上将空房拆除是拆迁人的责任。

>>律师在线

本案涉及的法律问题主要是：该房地产开发公司的做法和说法是

否正确?

强制拆迁，是指人民法院或者行政机关依照法定程序，运用国家强制力，强制当事人履行生效法律文书所确定的拆迁义务的行为。根据《城市房屋拆迁管理条例》第十七条的规定，被拆迁人或者房屋承租人在裁决决定的搬迁期限内未搬迁的，由房屋所在地的市、县人民政府责成有关部门强制拆迁，或者由房屋拆迁管理部门依法申请人民法院强制拆迁。从上述规定可知，强制拆迁一般有以下两种方式：

(1) 行政强制拆迁　由县级以上（包括县级）人民政府责成有关部门强制拆迁，这些“有关部门”主要是房屋拆迁主管部门、公安部门、规划部门等。

(2) 司法强制执行　由房屋拆迁主管部门申请人民法院强制拆迁。

强制拆迁应具备以下两个条件：

(1) 必须以裁决为前提。因为是强制拆迁，那就表明被拆迁人不愿意配合拆迁，所以，拆迁人为了项目能够顺利进行，就要向房屋拆迁主管部门申请裁决。只有作出裁决，被拆迁人或房屋承租人在裁决规定的搬迁期限内没有搬迁的，才可以实施强制拆迁。

(2) 在实施行政强制拆迁的时候，应由房屋所在地的市、县人民政府责成有关部门强制拆迁。这些“有关部门”主要是房屋拆迁管理部门、规划部门和公安部门等。强制拆迁也可以由房屋管理部门依法申请人民法院强制执行。拆迁人必须根据法律规定对被拆迁人给予经济补偿或提供拆迁安置用房、周转用房。

不管是行政强制拆迁还是司法强制拆迁，都必须严格按照合法执行程序进行：

(1) 强制执行前，应当由裁决机关主要行政负责人或人民法院院长亲发公告，再次指定期限，通知被拆迁人自动履行义务搬离被拆迁房屋。

(2) 如果被拆迁人逾期仍不自动履行的，由执行人员强制搬迁，派人把房屋内的财物运至指定场所。

（3）在强制执行时，被执行人应当到场，如果拒不到场，不影响执行机关照常执行。

（4）执行人把运至指定处所的财物交给被执行人接收。如因被执行人拒绝接收造成损失的，后果由被执行人承担。

（5）经过强制执行而腾出的房屋，由裁决机关进行接收。

（6）执行机关应当将强制执行过程和搬迁的财物记入笔录，由执行人员、被执行人员以及其他在场人员签名、盖章。

本案中，该拆迁公司在法律手续不完备、尚未达成拆迁补偿协议、房屋所有权尚未由李某转移到拆迁公司的情况下，就擅自将李某的私有房产拆除，违反了法定程序，这是一种严重的侵权行为。政府有关部门批准拆迁公司进行开发和拆迁，并不能抹杀拆迁公司侵权行为的性质。

>>经典案例二：湖南嘉禾强制拆迁事件

嘉禾县珠泉商贸城是一个以商业营业用房为主的房地产开发项目。2003 年，嘉禾县珠泉商贸城开发工程第一批拆迁工程涉及当地居民 300 多户，这其中相当一部分居民对拆迁特别是开发商提供的拆迁补偿款不满意，而全县的公职人员中粗略统计就有 160 多人属于这些拆迁户的家属。2003 年 8 月 7 日，嘉禾县有关部门印发了一份“四包”责任人名单，其中，详细记载了这 160 多名公职人员的工作单位及与拆迁户的具体关系，并指定他们为“四包两停”工作的“责任人”。所谓“四包两停”，是指该县公职人员必须保证他们的亲属在规定期限内完成拆迁补偿评估工作、签订补偿协议、腾房并交付各种证件，并保证他们的亲属对拆迁及补偿不满意时，不集体上访和联名告状；不能完成这一任务的将被暂停工作、停发工资，甚至是被开除或下放到边远地区工作。

拆迁户们在拆迁补偿问题上与当地有关部门产生了很大的分歧。

令人没有想到的是，在拆迁的这段时间里，这160多名公职人员几乎全部受到牵连，其中有一部分公职人员由于其家属对拆迁提出质疑，或拒绝在拆迁同意书上签字而被调离原工作岗位。为了推动拆迁工作的进行，嘉禾县有关部门甚至在县城显要位置打出了“谁影响嘉禾发展一阵子，就影响他一辈子”这样的大红条幅。

2004年5月，嘉禾拆迁事件被媒体曝光后，那张口气强硬的条幅也被形容为“霸道口号”和“四包两停”而一度成为公众关注的焦点。受到媒体批评后，嘉禾县的强制拆迁不但没有停止，反而进一步推进。政府部门张贴的强制拆迁公告，要求拆迁户“在5月18日前自行把家里腾空搬迁”，否则“将予以强制执行拆迁”。出人意料的是，这些公告上盖的公章并不是当地法院，而是“嘉禾县房产管理局”。更有媒体报道称，嘉禾县警方在2004年5月14日逮捕了3名拆迁户，罪名是涉嫌“妨害公务”。但后来查证，这3名拆迁户早在4月下旬就被拘留。于5月15日被当地警方实行了“逮捕”，失去自由已经超过了20天时间。

对嘉禾县房屋拆迁中损害群众合法权益问题，中央高度重视。根据国务院领导的批示，湖南省政府、建设部联合调查组通过深入细致的调查取证工作，基本查明主要违法违规事实，然后对相关责任人员进行了责任追究。县长、县委书记均被撤销职务，并给予党内处分。其他相关人员也受到了应有的制裁。

>>律师在线

请问：你对嘉禾强制拆迁事件有什么看法？

在嘉禾强制拆迁事件中，商贸城土地出让审批还没有批准，建设用地许可证就发给了投资商，更严重的是还存在违法侵害公职人员的权益、违法强行拆迁等问题。这些行为，严重违反了法律、法规的规定。经查实，嘉禾县在未进行规划项目定点的情况下，为开发商发放建设用地规划许可证；先办理建设用地批准书，再补办土地使用权挂牌出让手续；在开发商未缴纳土地出让金的情况下，发放国有土地使用证。在缺乏拆迁计划、拆迁方案和拆迁补偿安置资金足额到位证明等要件的情况下，为拆迁人发放房屋拆迁许可证；在没有举行听证的情况下，对多户被拆迁人下达强制拆迁执行书。在项目实施过程中，政府滥用行政权力强制推进房屋拆迁，对部分公职人员的工作权利和被拆迁人的人身权益、财产权益造成了很大的损害，对法律进行了粗暴的践踏。

该县领导最终承认了至少存在着以下问题：包括对国家相关法律、法规理解不透彻，在具体操作上操之过急，没有正确对待舆论监督等。不管这种认错是在什么背景下作出的，也无论这种认错是否来得太晚，这种敢于认错的态度还是应当肯定的，所谓“闻过能改，善莫大焉”。

>>经典案例三：历史上最牛的钉子户

一个已经被挖成大坑的工地中间，孤零零地立着一幢两层小楼，这是一张在网上广泛流传的照片，极具冲击力地展示了城市房屋拆迁的场面，因此，被网民誉为“历史上最牛的钉子户”。

2004 年 10 月，重庆两家房地产公司——重庆南隆房地产开发有限公司与重庆智润置业有限公司，对九龙坡区杨家坪鹤兴路片区启动拆迁工程。到 2006 年 9 月，其他 280 户拆迁户都接受了安置方案，只有 17 号一家坚决不搬，户主是杨武，妻子叫吴苹，他们的小楼孤零零地立在一个小土坡上，被称为“最牛钉子户”。

2005 年 2 月，开发商向九龙坡区房管局提出拆迁行政裁决，要求裁决被拆迁人限期搬迁。房管局遂于 2007 年 1 月 11 日下达了拆迁行政裁决书，并于 2 月 1 日向九龙坡区人民法院提起了先予强制拆迁申请书。2007 年 3 月 19 日下午，九龙坡区法院裁定。要求吴某限期搬迁，如不履行，法院将强制执行。吴某不服法院的裁定，当庭表示还要继续维护自己的权益。

最后，事件出现了戏剧性的结果，钉子户与发展商达成和解，户主杨武与妻子吴苹选择“异地安置”的解决方案。双方是在九龙坡区法院的调解下达成和解并签署协议的。拆迁人基本上满足了杨武夫妇的要求。2007 年 4 月 2 日晚上 9 时 40 分，挖掘机开始在钉子户房子周围挖掘，在户主、房地产商对峙 3 年后，拆除工作终于开始。这种房屋拆除活动属于按照拆迁双方协议进行的自行拆除行为。

>>律师在线

请问：对比嘉禾强制拆迁案，你对“最牛的钉子户”案有什么看法?

本案与嘉禾强制拆迁案的做法截然相反，两个案件从正反两方面给我们展示了面对被拆迁人的利益可能受损时，在法律允许的范围内，应采取什么样的措施来尽量保护被拆迁人的利益。

“钉子户”事件，至少在三个方面值得肯定：一是杨氏夫妇依法维护自身权益的做法，给正在走向民权时代的中国公众以启迪；二是该事件基于媒体的传播和公众的关注而形成了有关土地和房屋产权问题的经典案例，实际上，这一事件是当今众多拆迁矛盾中的典型缩影，在这一事件后，有关政府部门和相关利益体都应该对此事件进行认真思考；三是在本次事件中媒体理性、积极的报道，让我们看到了未来公民依法维权的前景。

“钉子户”事件的最终和解，体现了当地政府和司法机关的理性。重庆市九龙坡区政府和基层法院都表现出了非同寻常的理性，没有利用手中的强制权一硬到底，而是以积极斡旋、召开新闻发布会等方式对社会的关注进行正面回应。这样的态度让人们感到一种诚意和对公众的尊重。

颁发的房屋拆迁许可证违法该如何处理？

>>经典案例

陈某是某市市民，他在对其房屋的拆迁中，因安置补偿等问题与开发公司发生纠纷，经过多次协商，也一直未能达成房屋拆迁补偿安置协议，陈某也没有搬离房屋。在这期间，陈某发现该开发公司持有的房屋拆迁许可证存在问题，他认为颁证单位市房屋拆迁管理办公室没有按照法律的规定进行颁发许可证，该开发公司的行为实际上属于非法拆迁，侵犯了自己的合法权益，于是将拆迁办诉至法院，要求法院撤销许可证，并赔偿自己的损失。

法院经过审理，对陈某的诉讼请求予以支持。

>>律师在线

本案争议的问题是：陈某的这种做法可行吗？

房地产开发者如果想要成为真正意义上的拆迁人，就必须通过行政机关的审查，历经相关程序，并得到拆迁许可。房屋拆迁行政管理部门通过审查房屋拆迁申请人的资格，审查拆迁申请人所申报的拆迁方案及拆迁计划，对于符合房屋拆迁法律规范规定条件的拆迁申请予以批准并颁发房屋拆迁许可证，对于不符合规定的房屋拆迁申请，拒绝发给房屋拆迁许可证。一般情况下，持有拆迁许可证就表示行政机关已经审查并认可拆迁人达到拆迁资格，并向公众证明了这种资格，具有公示公信的效力。因此，拆迁许可证制度实质上是拆迁行政管理部门为了保护拆迁当事人的合法权益，而对拆迁事项进行的初步审查。

申请领取房屋拆迁许可证的，应当提交下列资料：

（1）建设项目批准文件；

（2）建设用地规划许可证；

（3）国有土地使用权批准文件；

（4）拆迁计划和拆迁方案；

（5）办理存款业务的金融机构出具的拆迁补偿安置资金证明。

市、县人民政府房屋拆迁管理部门应当在收到申请之日起30日内，对申请事项进行审查。经审查，对符合条件的，颁发房屋拆迁许可证。在发放许可证的同时，房屋拆迁管理部门应将许可证中载明的拆迁人、拆迁范围、拆迁期限等事项，以房屋拆迁公告的形式予以公布。房屋拆迁管理部门和拆迁人，应及时向被拆迁人做好宣传、解释工作。

如果被拆迁人对房屋拆迁管理部门核发房屋拆迁许可证不服，认为其侵犯自己的合法权益，那么应当选择适当的方式，拿起法律武器捍卫自己的权利。在本案中，法院经过审理查明，拆迁办在为开发公司颁发许可证时，开发公司提供的两份文件违反了《城市房屋拆迁管理条例》的有关规定，也没有提供拆迁补偿资金证明，开发公司也并未对包括在拟拆迁陈某房屋范围内的部分房屋进行评估。所以，拆迁办向开发公司颁发许可证的行为，在程序上缺少必要的证据，违反相关法律规定，属于违法行政行为。由于拆迁办违法发证，开发公司利用该证违法拆迁，其行为侵犯了陈某的合法权益，所以陈某有权向法院提起诉讼。对陈某造成的经济损失，开发公司应予以赔偿。

在现实生活中，房屋拆迁主管部门核发房屋拆迁许可证的行为，有可能对被拆迁人或其他利害关系人的合法权益造成侵害，其中比较典型的有以下几种情况：

（1）对于法律法规规定应当由其他有关主管部门批准后方可拆除的房屋，如教育设施的拆迁应由教育主管部门批准，拆迁申请人如果没有取得该相关主管部门的同意，就向房屋拆迁主管部门申请拆迁许可，且拆迁主管部门向拆迁人发放了许可证，那么这种行为就属于违法行政行为，被拆迁人只要认为该行为侵害了自己的合法权益，就有权向法院起诉房屋拆迁主管部门。对于此类案件，人民法院一般将其作为行政案件受理。

（2）如果房屋拆迁主管部门许可拆迁人拆迁房屋的安置和补偿方案不符合法律、法规的规定，侵害了被拆迁人的合法权益，此时，被拆迁人就可以请求房屋拆迁主管部门对拆迁许可的内容予以变更，房屋拆迁主管部门拒绝变更的，被拆迁人可以将房屋拆迁主管部门作为被告直接提起行政诉讼。

（3）房屋拆迁主管部门批准许可拆迁的范围不符合法律、法规的规定，致使拆迁人超越拆迁范围拆迁。如果发现了这种情况，被拆迁人可以请求房屋拆迁主管部门予以纠正，房屋拆迁主管部门拒绝改变其核发的许可证关于拆迁范围的规定的，被拆迁人如果认为自己的合法权益受到了侵害，则可申请行政复议或向人民法院起诉。

（4）其他利害关系人认为，房屋拆迁主管部门核发拆迁许可证的行为侵害其合法权益。如果发生了这种情况，一般表现为拆迁人与第三人发生了关于建设用地土地使用权的争议，争议没有得到解决或正在解决的过程中，拆迁人先申请拆迁并取得了房屋拆迁主管部门的拆迁许可证。第三人认为，拆迁许可证划定的拆迁范围侵害了其土地使用权，那么，第三人（被侵权人）就可以申请房屋拆迁主管部门予以纠正，房屋拆迁主管部门拒绝纠正的，被侵权人可以申请行政复议或直接提起行政诉讼。

农村宅基地转让后，拆迁补偿应该归谁？

>>经典案例

李某是某区某村的村民，李某和自己的叔叔比邻而居。后来，李某的叔叔在外做生意挣了钱，在镇上购买了一套商品房，于是就想将家里的房子处理掉。正好李某结婚需要房屋，李某的父亲想买下来，便于1996年从李某的叔叔也就是自己的弟弟处购买了该处宅基地以及上面的房屋。因为两人是亲兄弟关系，所以也就没有签订任何书面的协议，两人只是商量了一下，房价8万元，三年付清，李某的叔叔便将房屋交给了李某一家。从此，李某的父母住在一处，李某一家住在一处。

2007年，由于城市规划，李某家现在居住的两处房屋都在拆迁的范围。李某一家听说这个消息后，非常高兴，不仅可以改善居住环境，还可以拿到一笔高额的补偿金。李某的父亲将这事告诉了李某的叔叔，李某的叔叔也挺为他们高兴，并满口答应如果将来需要办什么手续，说句话就行，李某的父亲听后就更加放心了。

2007年8月，动迁公司的人来到村里，问到李某家的时候，李某的父亲将自己的情况跟动迁公司的人讲了一下，动迁公司的人却说，他们只看宅基地证，证上登记的是谁就跟谁签协议，至于补偿金怎么分是被拆迁户的事，他们不管。动迁公司的人还告诉他们，李某的婶婶已经找过动迁公司，说这房子是他们家的，补偿应该归他们家。李某的父亲听后马上打电话给李某的叔叔，李某的叔叔却说，这事他管不了，还是找他老婆谈。李某的父亲马上意识到了问题的严重性，随后，他召集全家开了一个小型家庭会议，研究这件事该怎么处理。一家人商量了很久，也没有商量出一个很好的办法。他们只好去找律师咨询一下。

2007年9月21日，李某一家找到一家律师事务所。律师在了解了大概的情况后，提出了一个很重要的问题，钱怎么分还是次要的问题，钱的分法有法院依法分割，该多少是多少，最重要的问题是怎么证明房子是买的，而不是借的或者租的，否则就会出大问题。李某的父亲说，他们家已经在这处房屋里住了十多年了，村里的人全都知道这件事，自己弟弟他们家应该不会耍赖。律师告诉李某的父亲说，这个问题肯定会有的，不然李某的婶婶也不会到动迁组说房子是他们家的。李某一家这才意识到更严重的问题在这里，当初购买房屋的时候由于两个人是亲兄弟的关系，所以什么手续都没有。律师对此提出了一个方案，首先，李某一家找其叔叔一家谈一下这个问题该怎样处理，期间通过录音的方式保留证据，以备不时之需；其次，李某找一下村委会开具证明帮助证明一下；另外，再发动隔壁的乡亲和同时是两家亲戚的人，帮忙证明一下，并且开庭时能够到庭旁听。

2007年11月初，动迁协议签署了，总补偿金额为100万元整，不包括低价购房补贴。经过多次协商，李某的叔叔只答应给李某一家30万元，李某一家没有同意。双方争执不下，李某便将其叔叔诉至该区人民法院。

原告李某诉称：1996年，双方经过协商将争议房屋以8万元的价格转让给我，随后我一直在该房屋内居住生活。根据相关法律规定，农村集体土地上的房屋可以在本集体经济组织内部转让，转让行为是有效的，而且根据“地随房走”的原则，房屋转让，占用范围内的土地一并转让，而我作为受让人理应享受所有房屋动迁安置补偿款，故请求法院依法判令动迁款100万元归我所有。

被告李某的叔叔辩称：争议房屋并不是自己转让给李某一家的，而是出租给他们使用的，一共租赁了10年，租金共计8万元，双方没有订立租赁合同，现在房屋拆迁的所有动迁款理应归自己所有，而不应当支付给原告一家。

庭审中原告提供了录音证据、村委会的证明以及乡亲的证人证言。

法院对上述证据一一予以核实，最终判令买卖行为合法有效，100 万元动迁款归原告一家所有。

>>律师在线

本案涉及的法律问题主要由以下四个方面：

1. 李某的叔叔将系争房屋出售给李某一家的事实是否成立

该房屋自 1996 年就交付给原告一家使用的事实是清楚的，这一点被告也无法否认，从 1996 年至今已经超过 12 年了，这 12 年中是原告一家对该房屋进行的装修维护，也是原告一家在该房屋内居住使用。当时，双方进行房屋买卖时，因为是亲兄弟关系，所以才没有留下签字的字据。但 8 万元的购房款确实已经支付给了被告，这段事实是存在的，而且还有录音为证。并且，原、被告双方之间的房屋买卖行为，该村村民都是清楚的，而且该村村民委员会也是非常清楚的，因此才会在证明上盖章确认，原告李某认为村委作为村集体的管理部门，其出具的证明应当是有效的。

在原告提供的录音中，被告李某的叔叔多次提到了将房屋出售给原告的事实，所以其租借一说不符合常理，原告一家有房子住，并且房屋也足够一家人居住，因此不会再租其他人的房屋。被告李某的叔叔还说 10 年的租金为 8 万元，1996 年的房价镇上的商品房也不过就是 7 万到 8 万元的样子，甚至更低，李某一家不可能每年花 8 000 元租一套农村的房子，这显然是不可能的。租借一说分明是被告在颠倒是非，完全是被告被利益冲昏了头脑，向法庭作出的虚假陈述，房屋买卖一事不仅原告、被告清楚，整个村的人都清楚。原告始终认为，应该还原事实真相，如果事实没有办法查清，那么公证的判决就无从谈起。

2. 原告和被告之间的买卖协议是否成立，是否有效

这个问题也是无法回避的问题，因为这直接关系着动迁款的分割。

《中华人民共和国合同法》第三十七条："应当采用合同书形式订立合同，在签字或者盖章之前，当事人一方已经履行了主要合同义务，对方接受的，该合同成立"。从这条法律条款中可以看出，尽管本案中原告和被告没有签订书面的协议，但由于双方都已经履行了合同义务，而且双方均已经接受，所以房屋买卖协议依法是成立的。

在本案中，房屋交易的标的物是宅基地上的房屋，有其特殊性，国家对于宅基地房屋的转让有严格的限制，但是需要特别强调的是法律并没有禁止宅基地买卖，也没有任何一条法律规定宅基房屋禁止买卖，只是对宅基地房屋的转让作了严格的限制，要求房屋的购买方和出售方均应当是本集体经济组织成员，因为宅基地是不能向本集体经济组织以外流转的。

对于这一点可以从以下法律规定中得到明确的答复：

《土地法管理法》第六十二条："农村村民出卖出租住房后，再申请宅基地的不予批准"，该规定明确了农村村民可以出卖宅基地房屋的事实。

《中华人民共和国物权法》第一百五十三条："宅基地使用权的取得、行使和转让，适用土地管理法等法律和国家有关规定"。

《中华人民共和国物权法》第一百五十五条："已经登记的宅基地使用权转让或者消灭的，应当及时办理变更登记或者注销登记"。

从上述法律规定我们可以知道，法律并没有禁止宅基地房屋的转让，而最高人民法院物权法研究小组主编的《中华人民共和国物权法》条文理解与适用也明确了对宅基地在集体经济组织内部流转的有效性。

此外，上海市高级人民法院沪高法 2004 第 4 号文件第一条作了

明确规定："对于发生在本乡（镇）范围内农村集体经济组织成员之间的农村房屋买卖，该房屋买卖合同认定为有效"。据此可知，原告和被告之间的房屋买卖行为是合法有效的。

而合法有效的房屋交易行为只能带来一个后果，就是房屋和宅基地的使用权发生了变更，由出售方变更为买受方。

3. 系争房屋所有的动迁款包括宅基地的动迁款应归谁所有

在本案中，系争房屋买卖行为是合法有效的，是不为法律禁止的，主要是说明一个问题，合法的买卖土地和房屋行为是不可分的，我国法律规定地随房走，或者房随地走，房屋买卖行为有效，那么土地当然也属于买受方，这是毋庸置疑的。

所谓的房地分开补偿是针对房屋买卖无效案件的处理原则，如农村的房屋出售给城镇居民，这种行为明显是违法的。在这种情况下才会出现宅基地和房屋分开补偿的情况，当然即便是这样也并不是将宅基地补偿给出售人，将房屋补偿给买受人，而是应当尊重基本的诚信原则，考虑购房者重新购买的合理支出，照顾保护双方的合法利益，合理确定买受人和出售人的比例为7∶3，依然是买受人占有更大的分割比例。本案中，如果法官判决宅基地补偿归被告，其他归原告，那么核算出来的结果是原告获得的补偿还不足五成，这样原告所获得的补偿还不如城镇居民购买宅基地房屋获得的补偿多，这显然是不合理的。

4. 将所有动迁款支付给原告是否损害被告的权益

本案中被告已经将该宅基地出售给了原告，被告也就不应当再享有该房屋的任何权利，那么拆迁安置也就不应该再安置一个对于被拆迁房屋没有任何权利的人。所以，将所有动迁款支付给原告是不会对被告的权益造成损害的。

宅基地上所盖房屋两层以上，征收时该以哪种标准进行补偿?

>>经典案例

王某是某市平谷区大谷镇某村的村民。2000 年，王某申请获得了一处 170 平方米的宅基地，并在上面建造了两层小楼，总面积共计 300 平方米。后来，由于城市规划，有一条高速公路将穿过该村。王某所在村将需要进行整体拆迁。政府组织了某高速公路拆迁指挥部，对每户的宅基地面积进行了测量，以进行补偿。政府的文件显示，此次高速公路动迁居民，拆迁人与被拆迁户将协议实行货币补偿。该高速公路拆迁指挥部的工作人员在王某家测量的结果显示，王某家的宅基地面积为 170. 035 平方米，与王某申请获批的宅基地面积相符合。王某认为其建的两层楼房总面积共计 300 平方米。政府应该以 300 平方米的标准进行补偿。该高速公路拆迁指挥部和王某经过多次协商，也一直没有达成协议，王某便向某县人民法院提出起诉。

原告王某诉称：虽然我申请的宅基地面积为 170 平方米，但宅基地上所建的房建筑面积共计 300 平方米。某高速公路指挥部只按照我申请的宅基地面积来进行补偿，我认为是不合理的。因为某高速公路拆迁指挥部如果拆迁我家房子，就会影响我家两层楼房的使用，我主张拆迁指挥部补偿我建筑面积的损失，请法院予以支持。

被告某高速公路拆迁指挥部辩称：高速公路拆迁是一件利国利民的大事，建成后将极大缩短国内旅客的行程，为游客提供很大的便利。王某的主张实际上是对政府工作的不支持，也是没有法律依据的。请求法院驳回王某的诉讼请求。

在庭审期间，原、被告双方分别出示了相关证据。

法院经过审理查明，根据《中华人民共和国土地管理法》第四十七条及某市房屋拆迁补偿条例，认为王某家的宅基地面积是170.035平方米，某高速公路拆迁指挥部按照王某家的宅基地面积对王某予以补偿是正确合理的，于是判决驳回原告王某的诉讼请求。

>>律师在线

《中华人民共和国土地管理法》第四十六条，国家征收土地的，依照法定程序批准后，由县级以上地方人民政府予以公告并组织实施。

被征收土地的所有权人、使用权人应当在公告规定期限内，持土地权属证书到当地人民政府土地行政主管部门办理征地补偿登记。

《中华人民共和国土地管理法》第四十七条，征收土地的，按照被征收土地的原用途给予补偿。

征收耕地的补偿费用，包括土地补偿费、安置补助费以及地上附着物和青苗的补偿费。征收耕地的土地补偿费，为该耕地被征收前三年平均年产值的6~10倍。征收耕地的安置补助费，按照需要安置的农业人口数计算。需要安置的农业人口数，按照被征收的耕地数量除以征地前被征收单位平均每人占有耕地的数量计算。每一个需要安置的农业人口的安置补助费标准，为该耕地被征收前三年平均年产值的4~6倍。但是，每公顷被征收耕地的安置补助费，最高不得超过被征收前三年平均年产值的15倍。

征收其他土地的土地补偿费和安置补助费标准，由省、自治区、直辖市参照征收耕地的土地补偿费和安置补助费的标准规定。

被征收土地上的附着物和青苗的补偿标准，由省、自治区、直辖市规定。

征收城市郊区的菜地，用地单位应当按照国家有关规定缴纳新菜地开发建设基金。

依照本条第二款的规定，支付土地补偿费和安置补助费，尚不能使需要安置的农民保持原有生活水平的，经省、自治区、直辖市人民政府批准，可以增加安置补助费。但是，土地补偿费和安置补助费的总和不得超过土地被征收前三年平均年产值的30倍。

国务院根据社会、经济发展水平，在特殊情况下，可以提高征收耕地的土地补偿费和安置补助费的标准。

《中华人民共和国土地管理法》第四十八条，征地补偿安置方案确定后，有关地方人民政府应当公告，并听取被征地的农村集体经济组织和农民的意见。

农村宅基地是农民安身立命之本。它具有福利性和社会保障性等多种功效。征收农民的宅基地，会对农民的生活生产造成严重的影响。而本案涉及的问题主要是：某高速公路拆迁指挥部应该按何种面积来对王某进行补偿？

目前，关于农村房屋拆迁问题，并没有和城市房屋拆迁一样的《城市房屋拆迁管理条例》调整，我国也没有制定统一调整农村房屋拆迁的法律，各地均是根据自己的实际情况，在拆迁中参照《城市房屋拆迁管理条例》。为加强集体土地房屋拆迁管理，维护拆迁当事人的合法权益不受侵害，保障城乡建设顺利进行，一般各省、市、自治区、直辖市都对征用集体土地房屋拆迁管理作了相关规定。

《北京市集体土地房屋拆迁管理办法》第十四条规定，拆迁宅基地上房屋实行货币补偿的，拆迁人应当向被拆迁人支付补偿款。补偿款按照被拆除房屋的重置成新价和宅基地的区位补偿价确定。房屋重置成新价的评估规则和宅基地区位补偿价的计算办法由市国土房管局制定并公布。第十八条规定，拆迁补偿中认定的宅基地面积应当经过合法批准，且不超过控制标准。未经合法批准的宅基地，不予认定。经合法批准的宅基地超出控制标准的部分，不予补偿；但1982年以前经合法批准的宅基地超出控制标准的部分，可以按照区、县人民政府的规定给予适当补偿。每户宅基地面积的控制标准，按照区、县人民政府根据《北京市人民政府关于加强农村村民建房用地管理若干规定》第六条确定的标准执行。《北京市宅基地房屋拆迁补偿规则》第三条规定，房屋拆迁补偿价，由宅基地区位补偿价、被拆迁房屋重置成新价构成，计算公式为：房屋拆迁补偿价=宅基地区位补偿价×宅基地面积+被拆迁房屋重置成新价，其中宅基地面积按照《北京市集体土地房屋拆迁管理办法》第十八条确定，宅基地区位补偿价由区、县人民政府以乡镇为单位，依本规则第四条的规定确定并公布，报市国土房管局备案。第四条规定，宅基地区位补偿价按下列公式计算：宅基地区位补偿价=［（当地普通住宅指导价—房屋重置成新均价）×户均安置面积］÷户均宅基地面积。所谓当地普通住宅指导价，是由区、县人民政府参照一定时间、一定区域内普通商品住宅均价、城市规划等情况综合确定。房屋重置成新均价，是指一定时间、一定区域内的被拆迁宅基地房屋重置成新平均价，具体标准由区、县人民政府按照前述区域内农村房屋建设情况在400~700元/平方米幅度内确定。户均安置面积，按照100~150平方米控制，具体安置标准由区、县人民政府根据当地农村经济发展水平、农民居住情况确定。户均宅基地面积，原则上暂统一按0.3亩（200平方米）计算。与国有土地相邻的集体土地，其宅基地区位补偿价，可以参照《北京市城市房屋拆迁管理办法》（市人民政府令第87号）确定。

虽然各地的具体规定有所不同，但也多是大同小异，计算方法差别不是很大。根据以上规定，本案中王某一户在与拆迁人某高速公路拆迁指挥部达成货币拆迁补偿协议后，王某一户会获得由房屋的重置成新价和宅基地的区位补偿价两部分组成的补偿款项。虽然王某一户的建筑面积为300平方米，但在计算宅基地的区位补偿价时，应该依据经合法审批的宅基地面积来计算。即使是王某建房时没有按照宅基地使用权权证上载明的面积建房，补偿价款仍然是以宅基地使用权权证载明的面积进行补偿。

此外，需要补充的是，拆迁人和被拆迁人应达成拆迁协议，被拆迁人应查看拆迁人是否具有拆迁资格，以免发生拆迁补偿执行不力的情况。房屋拆迁补偿可以实行货币补偿方式或房屋补偿方式，但是现在一般采用的是货币补偿方式，拆迁人在对房屋拆迁中进行的补偿分为两部分：

1. 土地补偿款

《中华人民共和国土地管理法》第八条第二款规定，农村和城市郊区的土地，除由法律规定属于国家所有的以外，属于农民集体所有。土地补偿款是补偿给该土地的所有权人的。村民对这部分款项依法享有知情权和监督权。《中华人民共和国土地管理法》第四十九条规定，被征地的农村集体经济组织应当将征收土地的补偿费用的收支状况向本集体经济组织的成员公布，接受监督。

2. 地上物补偿款

在现实生活中，还有一些拆迁将要进行时，农户的房子还正在建设中，遇到这样的情况该怎样进行补偿呢？我们认为，征用土地公告时，被拆迁人已取得建房批准文件且房屋已建造完毕的，对该房屋予以补偿。发布拆迁通知或征用土地公告时，被拆迁人已取得建房批准文件但新房尚未建造完毕的，被拆迁人应当立即停止建房，具体补偿金额可以由拆迁当事人协商议定。

外村村民购买的本村住宅被国家征收后能否获得拆迁补偿款?

>>经典案例一

郭某、韩某是北京市门头沟区某镇某村村民。2003 年 10 月，两人因急需用钱以 6.1 万的价格将坐落于门头沟区某镇某村 9 号房屋（简称 9 号房屋）四间卖给相邻村的村民王某、胡某，双方签订了房屋买卖协议。买卖合同履行完毕后，胡某、王某在 9 号房屋内居住，并自建房屋一间。2009 年 5 月 2 日，胡某与门头沟区新城南部地区拆建工作办公室签订北京市住宅房屋拆迁货币补偿协议。协议约定：该房可获得 20 万元的区位补偿总价、12 万元的被拆迁房屋重置成新价及附属物价格、15 万元的拆迁补助费，以上共计 47 万元；同日，针对自建房，王某与门头沟区新城南部地区拆建工作办公室签订北京市住宅房屋拆迁货币补偿协议。之后房屋于 9 号被拆除，拆迁款由胡某、王某领取。郭某、韩某认为，不是本村村民的王某、胡某不能获得拆迁款，因为我国关于农村宅基地的相关法律法规作出过规定。双方因此发生争议，郭某、韩某诉至法院，请求确认房屋买卖协议无效，并要求王某、胡某赔偿损失 20 万元。

被告王某、胡某辩称：他们与郭某、韩某签订的房屋买卖合同表达的都是双方真实意思，而且该村村委会也表示同意，应该算有效合同。某村村委会对其所有的集体土地享有处分权，其在合同上盖章的行为表示认可我们双方的房屋买卖行为。而且不是某村村民的我们是与某村相邻村的村民，户口属于同镇农民，法律并未对农村宅基地在村民之间流转进行禁止。购买房屋后，我们一直在某村居住，是某村的常住村民。房屋拆迁时，我们的被拆迁人身份也是拆迁办认可了的，所以他们才会与我们签订协议，拆迁款也应当都归我们。故不同意郭某、韩某的诉讼请求。

北京市门头沟区人民法院经审理后，作出判决：2003 年 10 月 27 日，郭某、韩某与王某、胡某签订的房屋买卖合同无效；本判决生效之日起 7 日内，王某、胡某要付给郭某、韩某人民币 41 184 元；驳回郭某、韩某的其他诉讼请求。

>>律师在线

本案主要涉及两个方面的法律问题：

1. 购买集体经济组织成员农村房屋的成员是非集体经济组织成员时，签订的协议是否有效

近年来，这类案子比较常见，一般是农村村民将自家房屋卖给非本集体经济组织内的成员（如卖给本村之外的其他村村民或者城市居民），后由于各种原因，房屋被拆迁或者大幅度升值，导致当时的出卖价格要比房屋现有价值低很多，出卖人看着这巨大的经济利益，当然会后悔，便主张当时的房屋买卖合同无效，要求返还房屋或者拆迁费。对于该要求，购买房屋者当然是不会同意的，所以，双方争议产生，诉至法院。

根据《中华人民共和国土地管理法》的规定，宅基地是指农村村民为建设自住房屋使用的土地，其所有权属于集体经济组织，经营、管理由村集体经济组织或者村民委员会负责，只有宅基地的使用权是农村村民享有的。宅基地使用权，是指农村集体经济组织成员依法享有的在集体所有的土地上建筑住宅及其附属设施的权利。该权利

与特定的身份相联系，只能由农村集体经济组织内的成员享有。对非集体经济组织成员来说，该权利是无权取得或者变相取得（如购买农村房屋）的。因此，非集体经济组织成员购买宅基地使用权的行为因为主体不适格且违反我国法律、法规的禁止性规定，因此当事人就此签订的宅基地买卖合同也就自然无效了。

本案中，胡某、王某不属于门头沟区某村集体经济组织成员，无权享有该村农村宅基地的使用权。郭某、韩某与胡某、王某之间买卖土地使用权及地上房屋的行为，与我国法律、行政法规的强制性规定相违背，他们之间的房屋买卖协议应属无效。

2. 购买集体经济组织成员的农村房屋被拆迁后，应该如何分配拆迁补偿费

本案的另一争议焦点，是关于如何对拆迁费进行分配的问题。由于双方当事人签订的房屋买卖协议与我国法律、行政法规的强制性规定不符，所以无效。按照《中华人民共和国合同法》第五十八条的规定，合同无效或者被撤销后，因该合同取得的财产，应当予以返还；不能返还或者没有必要返还的，应当折价补偿。有过错的一方应当赔偿对方因此所受到的损失，双方都有过错的，应当各自承担相应的责任。

在本案中，因为当事人签订的合同被鉴定无效，所以买受人胡某、王某应该将房屋返还。但是又因为现在的现状是房屋已经被拆迁和拆迁款已经取得，所以胡某、王某应当把一定的拆迁款返还给郭某、韩某。具体金额则应以诉争房屋和土地使用权的价值及双方过错程度为依据酌情确定。在本案中，双方当事人之间的房屋买卖协议无效，双方都有过错，但针对合同无效的法律后果，作为农村集体经济组织成员的郭某、韩某，在明知违反规定而将其房屋出卖给非本集体经济组织成员的胡某、王某，而且在该房屋被拆迁能得到大笔拆迁款

的情况下要求确认当时的合同无效，这违背了民法中倡导的诚实信用原则。房屋买卖合同无效的主要责任应由郭某、韩某承担。因此，本案法院经审理，最后认定双方的房屋买卖合同无效，判决王某、胡某返还郭某、韩某 41 184 元，是比较恰当的。

>>经典案例二

何某是昆明市翠湖区下江村村民，住云南省昆明市翠湖区下江村 976 号；孟某是南平市延平区夏道镇文田村村民，住福建省南平市延平区夏道镇文田村。2004 年 12 月 30 日，何某与孟某签订了房屋转让协议，协议约定：何某将下江村 378 号占地面积为 106 平方米的两层房屋以 140 660.00 元价格转让给孟某，孟某要在合同签订后的一周内，把一半价款支付给何某，何某要在孟某支付一半价款后的一周内把该房屋收拾干净；剩余一半价款最迟付清不能超过 2005 年 3 月 1 日。为了提高合同的公信力，他们还请村长作为见证人签了字。2005 年 1 月 18 日，双方签订了补充协议，以避免以后发生纠纷，补充协议约定：签订房屋买合同后，该房屋用地孟某可以自由利用，由孟某全权支配以后该土地所带来的所有收益，何某不可以干涉。

孟某买回房屋后，拆除两层旧房屋，重新建盖了五层楼。2009 年，昆明的城中村改造即将拆迁下江村，正在孟某为自己的五层楼将得到 200 多万的拆迁补偿高兴的时候，何某到昆明市翠湖区人民法院起诉了孟某，请求依法对原被告之间所签的房屋转让协议及补充协议进行无效确认，并要求被告返还 378 号房屋和承担全部诉讼费用。

>>律师在线

这起纠纷是由外村人购买本村村民住房引发的，案件涉及如下焦点问题：

（1）双方签订的房屋转让协议及补充协议是否有效？

（2）是否可以转让农村宅基地使用权及房屋，谁有权属？

（3）如果房屋转让协议及补充协议无效，会产生什么样的法律后果？

按照《中华人民共和国土地管理法》的规定，农村宅基地的所有权归集体经济组织，使用权归农村居民，即集体经济组织内的成员，或者说是有本村户口的农民。因此，身份性、无偿性、福利性和限制转让性等是宅基地具有的特征。从这也可以看出，宅基地使用权，与特定身份相关联是集体经济组织成员享有的权利。农村的房屋买卖标的不仅涉及房屋，还包含相应的宅基地使用权。宅基地使用权是农村集体经济组织成员享有的权利，与享有者特定的身份相联系，非本集体经济组织成员无权取得或变相取得，只有本集体经济组织内部的人员才能凭借身份取得。村民没有自由处理宅基地的权利，法律禁止对宅基地进行私自买卖。

本案中，昆明市翠湖区下江村村民何某和南平市延平区夏道镇文田村村民孟某，不是同一集体经济组织内部的成员，但是要想转让宅基地，只有上面有房屋并且受让方是同一集体经济组织内部的人才能一并转让。根据《中华人民共和国土地管理法》有关规定，农村宅基地属于农村集体所有，其使用权不得出卖、转让。但在取得宅基地使用权之后，作为使用权人的农民，有长期对宅基地进行使用的权利，可以建造房屋和厕所等建筑物在宅基地上，也可以种植树木在房前屋后的宅基地上。宅基地上的建筑物和附着物的所有权归宅基地使用人所有。使用人在行使权利的同时，必须履行法律规定的义务，不得对宅基地的用途进行改变，不得对宅基地进行出租、买卖和变相买卖，不得以修建、改造房屋为借口而对宅基地的使用面积进行随意扩大。不过，对私有房屋的买卖法律并没有进行限制，法律也并未禁止农村村民出卖自住房屋。根据“地随房走”的原则，在出售私有房屋时，宅基地的使用权随之转移给新的房屋所有人。只是宅基地具有特殊性，属于农村集体经济所有，法律对其转让有严格的限制条件：假如是要转让，一定是要在集体经济组织内转让，同时还必须到政府部门先依法将有关的审批手续办理，接受转让的村民不需为宅基地使用权支付任何价款给对方村民。简单点说就是，宅基地是不可以自由买卖的，只有宅基地上有房屋并且受让方是同一集体经济组织内部的人才行，否则不能转让。

综上所述，根据国家政策，非本集体经济组织成员购买本集体经济组织宅基地或房屋而订立的买卖合同应当无效。

根据合同法的规定，互相返还是无效合同的法律后果，但毕竟买房的人又进行了重建、新修等，要是让卖方将购房款或购地款返还，买方将房屋返还，这对土地买房人或买地人明显不公平，也是严重浪费资源的行为，且会造成农村社会治安的不稳定。所以，本案中法院可以委托评估机构评估一下房屋造价和现行价值，把双方过错结合起来，给予一定的补偿给买方，但补偿多少，由法官进行裁量。

随着城市化进程的加快，各大城市面临大量的城中村改造，在改造前，有的村民把宅基地卖了，有的村民把房屋卖了，有的既把房屋卖了，也把宅基地卖了，有的宅基地已过户，有的宅基地还没过户。不论哪一种情况，以前价格非常便宜，现在房价、地价都飞涨，所以对出卖的村民来说损失很大，村民可以通过确认买卖合同无效对自己的合法权益进行维护。也可以与买方协商，让买方给自己支付一定的拆迁补偿款，算是损失补偿，在实践中，大多数卖方也愿意这样做。

已分家的儿子能否继承宅基地房屋拆迁补偿款?

>>经典案例

1981年2月，艾某向A村村委会申请了宅基地建房时是以一户三人（艾某与妻子王某、大儿子艾甲）名义，但是同年12月，小儿子艾乙出生。2002年大儿子结婚，与艾某在该宅基地上建造的房屋内共同居住。2002年底艾某因病离世。2003年，小儿子艾乙由于要结婚，又另外申请了宅基地建房；艾甲拆除原房屋，在原宅基地上建了新房，王某跟大儿子艾甲居住。2004年，艾甲以及王某居住的房屋拆迁，共获得了房屋拆迁补偿款10万余元和宅基地使用权补偿款36万余元。得知此消息的艾乙认为申请宅基时的艾某、王某和艾甲应该共同拥有宅基地补偿款，三人应分别享有12万余元。父亲艾某已经去世，其享有的12万余元应作为遗产由母亲、哥哥和自已共同继承。双方于是发生争议，艾乙到法院诉讼，提出分得12万元补偿款的请求。

艾甲辩称：根据我国土地管理法律规定，农村村民每一户只能拥有一处宅基地，艾乙已经在结婚后取得了一处宅基地，更何况是不能继承宅基地的使用权的。父亲去世后，我一直居住在该宅基地上的房屋，之后将原房屋拆除，在该宅基地上建造新房屋也是向村委会申请了的。所以，我应该拥有该宅基地使用权和房屋的所有权。艾乙的诉讼请求我不同意。

法院经依法审理，在查明事实的基础上将艾乙的诉讼请求予以驳回。

>>律师在线

本案涉及的主要是宅基地使用权能否继承的法律问题。

宅基地使用权作为一项特殊的用益物权，其特殊性主要有以下几个方面的表现：①取得宅基地的使用权具有无偿性，从我国现有的法律规定来看，农民除了在取得宅基地使用权时需要交纳数量极少的申请费外，任何其他费用都不需要交纳，原则上是无偿取得；②宅基地使用权具有人身依附性，根据《中华人民共和国土地管理法》的规定，宅基地使用权与集体经济组织的成员资格密切相关，具有极强的人身依附性，只有本集体经济组织成员才能享有，而且只能是一户家庭成员才能享有；③宅基地使用权在功能上具有福利性，为保障农民“居者有其房”而设立的宅基地使用权，具有社会保障职能。

在宅基地使用权的继承问题上，依据我国法律规定，宅基地的所有权和使用权是分离的，集体拥有宅基地的所有权，房屋所有人拥有使用权，农村村民取得宅基地的使用权是在“村民”这一特定身份的基础上，村民只有宅基地使用权，不能随意处置宅基地。所以宅基地不属于遗产，不能被继承。如果允许继承，将会使宅基地被无限扩大，这与《中华人民共和国土地管理法》关于一户只能拥有一处宅基地的有关规定是相违背的。

但属于公民个人所有的建造在宅基地上的房屋，可以继承。根据《中华人民共和国继承法》）第三条第三款的规定，公民的房屋可以作为法定遗产处理，可以继承；公民继承了房屋，宅基地的使用权也就随着房屋而转移给新的所有人，这是具体执行国家关于“地随房走”的有关政策法规，而不是继承的结果。原国家土地局关于《确定土地所有权和使用权的若干规定》第四十九条规定：继承房屋取得的宅基地，可确定集体土地建设用地使用权。但是在特殊情况下，根据“地随房走”的原则，继承人对宅基地上的所建房屋的继承会导致其对宅基地的继承。

本案从表面看宅基地补偿款是争议标的，但实质是在争抢宅基地使用权归属。因宅基地使用权是宅基地补偿款的发生原因，明确了宅基地使用权的主体即明确了宅基地补偿款的所有者。作为一项特殊的用益物权的宅基地使用权，与农民个人的集体经济组织成员资格联系紧密。艾某于 2002 年因病离世，自然失去其集体经济组织成员的资格，不再是宅基地使用权的主体，宅基地补偿款当然也无权享有。除此之外，本案拆迁的补偿款有一部分是对拆迁宅基地上房屋的补偿，而本案争议的房屋是艾甲在原宅基地上建的新房补偿款，艾乙要求对宅基地补偿款进行分割的诉讼请求没有任何事实和法律根据。本案法院的判决是合理合法的。

你问我答

问：房屋拆迁证据保全该如何办理？

答：房屋拆迁证据保全，是指公证机关在房屋拆迁之前对房屋及其附属物的现状依法采取勘测、拍照或摄像等保全措施。证据保全的目的是，使能证明被拆迁房屋基本情况的原始证据事实不至于因为时过境迁或其他原因而消灭或遭到破坏，从而保证能被正确运用，一旦事后发生纠纷也有法定的证据可查。拆迁证据保全一般由拆迁人向公证机关要求办理。

根据《城市房屋拆迁管理条例》第十四条的规定，在以下三种情况下需要进行证据保全：

（1）房屋拆迁管理部门代管的房屋需要拆迁的拆迁补偿安置，必须经公证机关公证并办理证据保全。

（2）被拆迁人或房屋承租人在裁决规定的搬迁期限内未搬迁的，应由市、县人民政府责成有关部门强制拆迁，或者由房屋拆迁管理部门依法申请人民法院强制拆迁。实施强制拆迁前，拆迁人应就被拆迁房屋的有关事项，向公证机关办理证据保全。

（3）拆迁产权不明确的房屋，拆迁人应当提出补偿安置方案，经房屋拆迁管理部门审核同意后实施拆迁。拆迁前，拆迁人应就被拆迁房屋的有关事项，向公证机关办理证据保全。

拆迁证据保全涉及当事人的基本权益，所以，公证机关在办理证据保全公证时应当严格遵守法律法规。根据司法部《房屋拆迁证据保全公证细则》第十四条的规定，对房屋实施强制拆迁时，应符合以下规定：

（1）公证机关应当通知被拆迁人到场，被拆迁人如果拒不到场，公证员应当在笔录中记明，并由记录人签名或盖章。

（2）实施强制拆迁房屋中有物品的，公证员应当组织对所有物品逐一核对、清点、分类登记到册，记录交给两名有完全行为能力的在场人员核对后，公证员和在场人在记录上签名。被拆迁人如果拒绝签名的，公证员应在记录中记明。

（3）物品清点登记后，凡不能立即交与被拆迁人接收的，公证员要监督拆迁人将物品存放在其提供的仓库中，已提供的标码物品丢失损坏的，仓库保管员应承担赔偿责任。

（4）拆迁人应制作通知书，通知当事人在一定期限内领取物品。

逾期不领的，公证处可以接受拆迁人的提存申请，办理提存。那么，什么是提存呢？所谓提存，是指出于受领标的物的一方当事人（债权人）的原因（如下落不明、拒绝受领等），另一方当事人无法向其给付标的物，此时履行交付义务的一方将标的物交付提存机关而消灭债权债务关系的一种法律制度。因提存所支付的费用应当由物品的所有人承担，提存期间，该物品财产的收益应当归物品所有人所有，风险责任也应当由该物品的所有人承担。

问：启行拆迁和委托拆迁有什么特点？

答：根据《城市房屋拆迁管理条例》第十条的规定，拆迁人可以自行拆迁，也可以委托具有拆迁资格的单位实施拆迁。可见，实施拆迁的人并非都是“拆迁人”。

1. 自行拆迁

自行拆迁是指由拆迁人自行组织实施房屋拆迁，自行对被拆迁人进行补偿和安置。这时，拆迁人和实施拆迁单位是同一的，拆迁人要对拆迁中的行为承担法律责任。拆迁人自行实施拆迁，须取得房屋拆迁许可证并取得房屋拆迁主管部门的核准。根据《城市房屋拆迁单位管理规定》第十二条的规定，自行拆迁的单位实施本单位建设项目的房屋拆迁前，应当到当地人民政府拆迁主管部门办理核准手续。未经核准的，不得实施拆迁。实行核准制度既是对自行拆迁单位的资格审查，也可以保证拆迁工作的质量。

拆迁人自行拆迁时，必须严格按照规定的程序办理相关事项，依法实施拆迁，并接受房屋拆迁主管部门的资格审查和对拆迁实施的监督，否则将受到房屋拆迁主管部门的处罚。根据《城市房屋拆迁单位管理规定》第三十四条的规定，违反该条例规定，未取得房屋拆迁许可证，擅自实施拆迁的，由房屋拆迁管理部门责令停止拆迁，给予警告，并处已经拆迁房屋建筑面积每平方米20元以上50元以下的罚款；第十六条第二款规定，未经核准自行拆迁的，房屋拆迁主管部门可以给予警告、通报批评、责令停止拆迁、吊销证书、没收非法所得、罚款等处罚。总而言之，自行拆迁中，拆迁人既享有实施拆迁过程中的合法权利，也要履行相应的义务。

2. 委托拆迁

委托拆迁是指拆迁人委托具有房屋拆迁资格的单位对房屋实施拆迁，并对被拆迁人实施安置和补偿。在委托拆迁中，拆迁人和实施拆迁人是两个独立单位，被委托人应当是取得房屋拆迁资格的城市房屋拆迁单位。实施拆迁单位必须具备上级主管部门同意组建的批准文件；有确定的名称、组织机构和固定的办公场所；有与承担拆迁业务相适应的自有资金和技术、经济、财务管理人员等条件。同时应具备经房屋拆迁主管部门认可并颁发的房屋拆迁资格证书。如果拆迁人委托不具备房屋拆迁资格证书的单位进行拆迁，则委托行为无效，拆迁行为亦无效。根据《城市房屋拆迁管理条例》的规定，拆迁人委托拆迁的，应当向被委托的拆迁单位出具委托书，并订立拆迁委托合同。拆迁人应当自拆迁委托合同订立之日起 15 日内，将拆迁委托合同报房屋拆迁管理部门备案。被委托的拆迁单位不得转让拆迁业务。房屋拆迁主管部门不得接受拆迁委托而使自己成为被委托人，以保证房屋拆迁主管部门行使行政管理权力的独立性和公正性。

在委托拆迁中，由于拆迁人与实施拆迁人是委托合同关系，根据合同法关于委托合同的规定，受托人按照委托人的指示处理委托事务，在委托合同范围内产生的法律后果概由委托人承担，而办理委托事务所得一切利益，都应及时转交委托人。因此，委托拆迁中的受托实施单位在拆迁合同约定的范围内的活动，由拆迁人承担法律责任。但受托单位本身资格有瑕疵或拆迁中违章操作的，应承担相应的法律责任。

问：征收农村宅基地的该怎样进行补偿？

答：《中华人民共和国土地管理法》第四十七条，征收土地的，按照被征收土地的原用途给予补偿……

征收其他土地的土地补偿费和安置补助费标准，由省、自治区、直辖市参照征收耕地的土地补偿费和安置补助费的标准规定。

被征收土地上的附着物和青苗的补偿标准，由省、自治区、直辖市规定。

征收城市郊区的菜地，用地单位应当按照国家有关规定缴纳新菜地开发建设基金。

依照本条第二款的规定支付土地补偿费和安置补助费，尚不能使需要安置的农民保持原有生活水平的，经省、自治区、直辖市人民政府批准，可以增加安置补助费。但是，土地补偿费和安置补助费的总和不得超过土地被征收前三年平均年产值的30倍。

国务院根据社会、经济发展水平，在特殊情况下，可以提高征收耕地的土地补偿费和安置补助费的标准。

按照土地管理法的规定，征收宅基地的补偿应属于征收其他土地的问题，补偿标准应该由省、自治区、直辖市参照征收耕地的土地补偿费和安置补助费的标准规定，因此各个省、自治区、直辖市的补偿标准也是各不相同的。

根据《中华人民共和国物权法》规定为了公共利益的需要，依照法律规定的权限和程序可以征收集体所有的土地和单位、个人的房屋及其他不动产。征收集体所有的土地，应当依法足额支付土地补偿费、安置补助费、地上附着物和青苗的补偿费等费用，安排被征地农民的社会保障费用，保障被征地农民的生活，维护被征地农民的合法权益。征收单位、个人的房屋及其他不动产，应当依法给予拆迁补偿，维护被征收人的合法权益；征收个人住宅的，还应当保障被征收人的居住条件。

因此，征收宅基地一般情况下补偿费用应包括土地补偿费、安置补助费、地上附着物和青苗的补偿费，社会保障费用等，因为宅基地属于不动产，还应当有拆迁补偿费，另外要保障被征收人的居住条件。